张思德

ZHANG SI DE

申 强 编著

青海人民出版社

图书在版编目（CIP）数据

张思德 / 申强编著 . -- 西宁：青海人民出版社，2020.11（2024.8重印）
（英雄模范共产党员故事汇）
ISBN 978-7-225-06064-4

Ⅰ.①张… Ⅱ.①申… Ⅲ.①传记文学－中国－当代 Ⅳ.① I25

中国版本图书馆 CIP 数据核字 (2020) 第 215326 号

英雄模范共产党员故事汇

张思德

申 强 编著

出 版 人	樊原成
出版发行	青海人民出版社有限责任公司
	西宁市五四西路 71 号　邮政编码：810023　电话：（0971）6143426（总编室）
发行热线	（0971）6143516 / 6137730
网　　址	http://www.qhrmcbs.com
印　　刷	青海西宁西盛印务有限责任公司
经　　销	新华书店
开　　本	890 mm×1240 mm　1/32
印　　张	4.5
字　　数	93 千
版　　次	2021 年 1 月第 1 版　2024 年 8 月第 2 次印刷
书　　号	ISBN 978-7-225-06064-4
定　　价	22.00 元

版权所有　侵权必究

目录

大山怀抱的苦婴	001
少年身影	004
护鱼风波	007
迎接红军	011
捉奸细	015
第一次战斗	019
大石坎搬兵	022
惨烈突围战	026
去汉中送密件	029
奔袭路上打草鞋	033
渡江"偷"敌船	037
夺机枪	041
草地泥潭救战友	044

目录

参加敢死队 048

雪山取"暖" 051

入　党 054

护送物资 058

借毛驴 061

张思德和副班长 064

要关御敌 069

送信路上的智慧 072

苦干巧干烧炭忙 075

在南泥湾的日子里 080

学纺线 084

军民鱼水情 088

给王大娘写信 093

目录

从班长到战士	097
第一次见到毛主席	101
永葆楷模本色	105
走上内卫岗位	109
心中装着"万无一失"	112
跟随毛主席外出	117
刻苦学习	121
吃苦在前,享受在后	124
为革命献身	128
追悼会	132
永远活在人民心中	135

大山怀抱的苦婴

1915年，是烽烟四起的年月。

这一年，欧洲正在进行第一次世界大战。帝国主义列强为了重新瓜分世界疯狂厮杀。这个时候的中国执政者袁世凯，则在野心勃勃地做着皇帝梦，贪官污吏、地主豪强横征暴敛，为所欲为，黎民百姓陷于水深火热之中。张思德就出生在这个动乱不宁的年月。

张思德是四川省仪陇县人。仪陇县是一个古老的县城，早在南朝梁代就已建县。这里是巴蜀大地一处人杰地灵的地方，无产阶级革命家、政治家、军事家朱德的故里，就在仪陇县的马鞍镇。从马鞍镇东行数十里，就是张思德的故乡六合场（现为思德乡）。仪陇县的百姓自豪地说："我们仪陇县有'两德'：一是元帅朱德，一是英模张思德。"

六合场辖有十来个村，其中有一个山村叫韩家湾，坐落在雨台山高观寨下。张思德就出生在韩家湾。

张思德的生父张行品，给地主当佃户，农忙时种地，农闲季节就背着谷米到产盐的盐井去换盐。来回要走三天，把换来的盐卖给六合场的盐商，赚点零钱，养家糊口，一家人过着糠菜一半粮一半的贫苦日子。

张行品的妻子朱氏，已经生养了三个孩子，在1915年4月21日，朱氏又生了一个男婴。因为这天正是"谷雨"节气，所以给男婴起名叫"谷娃子"。

由于日子过得贫苦，缺吃少喝，导致朱氏营养不良，身体虚弱，没有奶水喂孩子，谷娃子饿得夜啼昼哭，朱氏只好把大米磨成面儿，熬成糊糊，喂谷娃子。孩子只吃糊糊，瘦弱不堪，当妈的实在心疼，只好抱着孩子到东邻西舍找有婴儿的妈妈们讨口奶吃，这虽不是长久之计，但不致眼看着孩子饿死。

穷家日子，祸不单行，在谷娃子七个月的时候，朱氏因饥寒交迫、愁劳过度病倒了。山乡缺医少药，又无钱医治，因而病越来越重。一天，朱氏自觉病已恶化，她想自己应在闭上眼睛之前给可怜的谷娃子找条活路，于是忙让丈夫去叫孩子的婶娘——刘光友。

刘光友在四个月前生了一个女婴小桂香，家虽贫困，但奶水蛮够小桂香吃。刘光友得知自己的嫂嫂危在旦夕，立刻赶来。朱氏拉着刘光友的手，泪流满面，用微弱的声音恳求说："我若一口气上不来，谷娃子就托付给你了。我知道，你也是愁吃愁穿，委屈委屈你的小桂香，分谷娃子一点奶水，救他一命，等娃长大了你也算添了一个亲人……"就在这天,谷娃子的生母朱氏去世了。丧事后,婶娘刘光友抱着谷娃子回家,一边走一边流泪。

刘光友把谷娃子抱回家,和小桂香同吃自己的奶,同在贫寒的日子里成长。

刘光友的丈夫叫张行忠,是位憨厚的农民,靠给地主扛活和担炭为生,日子本来过得就很苦,把谷娃子抱来以后,家中的负担又加重了许多。刘光友的奶水喂不饱两个孩子,于是她就抱着两个孩子去讨"百家奶"。那时,穷人同情穷人,阶级感情很深,乡邻情谊浓厚,贫寒人家互相同情,互相帮助。有奶的给奶吃,无奶的送几个鸡蛋,帮助刘光友多长奶水。这样,小桂香和谷娃子总算活了下来。

张行忠家只有一个女儿小桂香,于是张行忠夫妇和兄长张行品经过商量,决定把侄儿谷娃子正式过继过来做儿子。按着当地的民风乡俗,要过继儿子,需要立一个契约,在写契约的时候,需要将孩子的乳名改成一个正式的大名。因为谷娃子在张氏家族之中排名"思"字辈,又是吃"百家奶"活下来的,家人希望他长大成人以后,永远不忘乡亲给奶吃的恩德,所以起名叫张思德。

张思德在大山怀抱里成长,全家人在大山里春秋度日,大山中的乡镇村庄,也在大山里年年岁岁变化着。

少年身影

张思德和妹妹小桂香渐渐长大了,开始帮助父母干活。思德六岁,就跟妈妈上坡刨地、点种子。他陪着妈妈一起挖野菜,有时也帮妈妈推磨碾面。他还领着妹妹一起上山捡松果、搂松毛、采蘑菇,把这些东西拿到集上卖了,买点油盐。再长大一点,他就拿上镰刀上山割草、打柴。

张思德从小就很懂事,在家里听大人的话,和小伙伴们玩耍也懂得关心小伙伴,从不打架。张思德的邻居张行发比张思德大一辈,但比张思德小一岁,在夏天他们俩常常到元滩河里摸鱼、抓泥鳅、游泳,还在河边一起放牛、打草。张思德打草,打得比张行发快,傍晚快回家时,张思德见张行发的背篼里牛草没有满,怕他回去挨大人骂,就悄悄地将自己背篼里的牛草往张行发的背篼里抓,直到凑够一背篼为止。

张思德头脑机灵，爱动脑筋，他在孩子群里显得比较能干。六合场一带的男孩子们，在打柴之余，喜欢玩一种叫"砍柴把"的游戏：在平地上，用三根黄荆杆子支成一个三角杈，大家站在两丈远的地方，轮流用手中的镰刀丢过去砍，谁砍倒了"柴把"谁就算赢。赢了的不白赢，因为每个参与者都得拿出一堆柴放在脚下当份子，谁赢了，这些柴就归谁。玩这游戏，常常是张思德赢的次数多。不过，在游戏之后，张思德会帮助小伙伴拾些柴，把柴筐装满，免得小伙伴着急。

有一次，一群小伙伴去山里放牛，忽然下起了大雨，他们赶紧跑到山洞里躲避。雨水引发山石崩落，一块大石头滚下来，吓得几头水牛四下里乱跑。小伙伴们也顾不得避雨了，各自追赶自家的牛。慢慢地，别人把牛都拢了回来，就剩下咩娃子空着手在那儿哭。大家一看，他的牛跑到了山崖边，牛鼻绳也挣掉了。咩娃子不敢去牵，也不敢大声吆喝，怕牛摔到崖下去。小伙伴们看到这情景，都不知该怎么办好。张思德想了一个办法：他拿了一把嫩草，以给牛送草吃的姿势，慢慢向牛靠近。牛见到草，伸着脖子来吃，就这样用草把牛引离了山崖，于是赶忙用手抠住牛鼻孔，牛就听话地站住了。再给牛穿上牛鼻绳，一场危险化解了，咩娃子和同伴们都开心地笑了。

张思德十一岁那年，爸妈商量：让张思德到桃子垭高老先生的私塾里念书。高老先生也是穷人，对能来上学的孩子们教得格外用心。张思德十分珍惜学习机会，念书很用功。可惜的是，家里无力支撑，才念了一年就交不起学费了，只好停学。在上学的这段时间里，张思德给老师和同学们留下了深刻的印象：除了勤奋好学，他还十分尊敬老师、关心同学。每天一早来到学校，帮先生打水、抱柴，然后打扫教室卫生，擦净课桌，还给大家备好洗笔、磨墨的清水。

张思德还经常帮助弱者。六合场上地主家的孩子，常常歧视、欺负穷人家的孩子。有一天，张思德去六合场卖牛油蜡烛，路上看到地主的孩子何二孬，与三个同伙一起推搡追打两个穷人家的孩子，穷孩子被按在了地上，四个打两个。张思德放下手中的东西，迎了上去，一把揪住何二孬，问："你们为什么打人？"

何二孬嚷道："他们偷了我家的柴！"

两个穷孩子辩解道："我们是从山上捡的！"

何二孬傲慢地说："山是我家的山，山上的柴就是我家的柴！"何二孬身旁的一个同伙，气势汹汹地对张思德说："穷小子，要你多管闲事？！"说着，猛推了张思德一把。

张思德稳住身子，一把抓住对方胸前的衣襟，以迅雷不及掩耳之势，腿下使了一个绊子，把那家伙弄了个嘴啃泥。

何二孬几个人都傻眼了，张思德对他们说："以后不许欺负人！"面对张思德的怒目而视，何二孬与他的同伙只好灰溜溜地走了。

护鱼风波

张思德的养父张行忠,是位种田的好把式,却没有自己的地可种,一直租种本村地主范有万的水田。租人家的地,收了粮食,要给人家交纳租粮,劳苦一年,也只够勉强养家糊口。

张行忠除种田之外,还思谋着开条新的生财之路。一天,他去表爷家走亲,吃饭时见饭桌上竟然有红烧鲤鱼。他感到奇怪,就问鱼从哪来,表爷告诉他,这是从河里取的鱼卵,在稻田里把鱼养大,并详细讲述了养鱼的过程。听完后,张行忠心里非常高兴,盘算着:用这不花钱的办法养了鱼,可以拿到六合场街上卖几个钱,手头就能活泛点儿,也能帮家里改善一下生活,挺合算的。吃完饭回到自己家,他就兴冲冲地把想法跟妻子刘光友说了,妻子听了也十分激动,于是夫妇俩张罗着开始养鱼。

他们首先从正月做起,打上几捆竹丫杈,扔到河滩鱼常游动的地方，这叫做鱼窝。每天往鱼窝里撒些食，鱼就到这里吃食、产子。到了清明节，他们把这些竹丫杈连同周围的水草都捞出来，放到水田里。随着天气一天天暖和起来，慢慢地水田里便游出一团团的小鱼群。

看到这些鱼苗苗，张思德一家人都高兴极了，天天不忘捞鱼草、撒鱼食。这一年，张思德十三岁，他觉得这个法子十分新鲜，也非常渴望鱼儿长大能给家里改善生活，于是激发出他养鱼的极大热情。他起早贪黑，割草、砍柴，担到六合场找酒坊换酒糟，到油坊换油饼，这些都是上等的鱼食，拿回来撒到稻田里，既喂鱼，又肥田。

小鱼逐渐长大了，张思德的心里越来越高兴，平常只要有空，他就到田里看看鱼儿。到了桂花飘香的秋天，小鱼已经长成大鱼了，这时再去看却不容易看到它们了，只有拿棍子插到水里一搅，才听到扑啦啦的声音，知道鱼儿都躲到稻棵子深处了。收获在即，一家人充满了希望。

可是天有不测风云。一天，张思德割草回来，却看到地主范有万带着家丁，在水田边指手画脚地嚷着："给我把鱼捞上来！"家丁吆吆喝喝正要动手。张思德大吃一惊，连忙跑上前来，说："不能捞啊，这是我家的鱼！"

家丁不怀好意地笑了："什么你家的鱼！这是范老爷的鱼。我们捞鱼，你别碍事！"

张思德辩道："这是我们从河里取的鱼卵，是我家养的！"

这时，范有万恶狠狠地开腔了："你们家养的？这是谁的田？

在我的田里养鱼,就是我家的鱼!"说着,他指使家丁:"快捞!挖开田埂,就好捞了!"

田埂被挖开一个缺口,田里的水哗哗淌出,一条条鱼跑进了地主家的网兜里。

张思德的心疼得紧成一团,爸爸妈妈不在跟前,这怎么办?看着哗哗流水的埂口,他冲了上去,一把抢过铁锹,挖土堵埂口。

范有万见张思德敢堵埂口,气不打一处来,抬腿一脚,把张思德踹倒在水田里。田埂又被家丁挖开了。

等张思德站起来,浑身都湿了,看着蛮横不讲理的范有万,他愤怒了,一头撞了过去!范有万没有防备,被撞得一下子坐在了水田里。老地主觉得自己丢了面子,大喊道:"穷小子敢撞我!把他给我抓起来!"张思德怒火填膺,一猫腰从田里抓起一把淤泥甩了过去,正好糊了老地主一脸。

"哎哟!"范有万的眼睛被糊住了,忙用手揩脸上的泥,家丁顾不上抓张思德,手忙脚乱地去照看老地主,张思德便趁机跑开了。

当张行忠夫妇听到消息赶来时,范有万已经回家了。当日虽无动静,可张行忠夫妇觉得此事范有万不会善罢甘休。果然,第二天早晨,张行忠出门干活,范有万的家丁拦住了他,把他带到了范府。范有万恶狠狠地说:"你养的'好'儿子!把那个野小子交出来!"

张行忠是位胆小怕事的老实人,他赶忙说:"范老爷,鱼我们不要了,孩子还小,您大人不计小人过。我回去一定管教他。"

范有万乜斜着眼睛说:"管教,你怎么管教?光把鱼给我就完了?田,我也要收回,你别想再租了!"

这话如晴天霹雳一般,张行忠声泪俱下说:"老爷,您不能这样啊,我们是有契约的,这田还没到租期,我辛辛苦苦把田沤肥了,您在这个节骨眼上收回,我家……我家不是白忙活了吗?"

"白忙活?我的田,你不让我捞鱼,小崽子还打我,我就要收回!你给我滚!"范有万吼叫着。

这一季的稻谷收了,张行忠的田就被收回去了。张行忠一家没法在韩家湾住下去了,只好迁到六合场镇子上,借了一间草棚栖身。这场风波使张行忠悲愤不已,再加上长期辛苦操劳,不久,张行忠患病去世。刘光友、张思德和小桂香的哭声,随着呼啸的寒风,传得很远很远……

人间的不平,在少年张思德的心灵里,刻下了深深的伤痕!他多么希望这个世道能变一变啊!

迎接红军

元滩河的水，日夜流淌，雨台山的草，白了又绿，六合场的张思德已经长成十七岁的小伙子了。六合场以外的世界，也在发生着巨大的变化。

1932年12月，由徐向前等人领导的中国工农红军第四方面军，由鄂豫皖革命根据地向西转移，冒着风雪严寒，翻越了人迹罕至的大巴山，到达了四川东北境内的渠江上游。这一带是陕西省与四川省的交界处，敌军兵力相对薄弱。红军一踏上川北的土地，便迅速展开攻城克乡的战斗：1932年12月25日，拿下通江；1933年1月1日，攻克南江；1933年1月23日，占领巴中。这么一来，就将这相邻的三个县市变成了红色革命地区。1933年2月，红四方面军在这一带建立了川陕革命根据地的党政领导机关——中共川陕省委和苏维埃政权。

1933年2月至6月，红军粉碎了四川反动军阀的"三路围攻"，缴获了大量物资和武器，壮大了自己，巩固了川陕革命根据地。

红军入川，打土豪，分田地，巴蜀震动。尽管当时通讯闭塞，但消息还是传到了六合场穷人们的耳朵里。那些出门背盐的、贩货的，常常被人们拉住打听这些事。说的人、听的人，都津津有味，流露出渴盼红军的神情。

张思德的生父张行品，常出乡出县做小买卖，他带回了许多有关红军打胜仗的消息，告诉刘光友和孩子们。张思德听了，心情激动，有空就和妈妈议论这些事。刘光友说："我看咱们受苦人出头的日子快到了！"

红军为了扩大根据地，1933年8月下旬，在营山、渠县发动了"营渠战役"。战役进行到第三天，解放了立山镇，红军将立山镇的名字改为长胜县，建立了县级苏维埃政府。县政府设立在一所小学里。这一胜利消息不胫而走，传遍四面八方。

立山镇距六合场仅有几十里路，六合场的人们听到红军胜利的喜讯，奔走相告，欢欣鼓舞。而那些地主恶霸都慌了手脚，有的忙着藏匿钱财，有的赶紧举家远逃，韩家湾的范有万也早早地逃跑了。

这些天，张思德和妈妈开心极了。张思德拉着妈妈的手说："妈妈，红军都到立山了，我想去给红军带个路，把红军接到咱这里来！"

刘光友想了一下说："要得！你去吧。告诉红军，六合场的穷人们盼着他们快点来呢！"

第二天,张思德上路了。跋山涉水,一路小跑,来到了立山镇。

立山镇在当地算是一个大镇,平常街上来往的人很多,红军来到这里以后,更是热闹非凡。有的人提着一桶白石灰写标语;有的人敲着铜锣押着恶霸地主游街;有的人往家背分到的粮食。街头巷尾,人来人往,一派振奋人心的新气象。

张思德在人流里穿行,来到一个大门前的高台下,看到几个红军女战士,打着竹板演唱:"立山镇,好热闹,老财哭,穷人笑……"张思德走到一位拿枪的红军战士面前说:"你们红军住在哪里?"

那战士说:"你有什么事吗?"

张思德说:"我是六合场的穷人,是来迎接红军的。"

那战士说:"跟我去找连长吧。"

张思德被领到一个大院里,见到了红军连长陆祯祥。陆连长正与几位同志商量扩展根据地的事,见来了个六合场的小伙子,便问了问六合场的一些情况,然后说:"我们正计划去六合场,但还没有定哪天去。"张思德说:"我是来迎接红军的,六合场的男女老少都盼着红军快点去,我是来给你们带路的。"

陆连长深知贫苦百姓把红军当成救苦救难的大救星,于是决定立即去六合场开展工作。他带着一队人马,由张思德领路,两三个小时就到了。

六合场的群众拥上街头,高喊口号,欢迎红军到来。走在队伍前头的张思德不由得一阵阵热血沸腾,他向两边的人群望着、找着,果然他看到了妈妈!妈妈挥动着平日挂着的竹棍,正向他示意称赞。

这一天，正是农历八月十五中秋节。陆连长问张思德："这里有开群众大会的场地吗？"

张思德说："有！我带你们去戏楼。"红军来到戏楼，群众也跟了过来。陆连长登上戏台，给男女老少讲话，告诉大家，今晚就找相关人员，商议成立六合场苏维埃政府的事。这个夜晚，天上的月亮分外圆，分外明亮，各家各户也都亮起灯来，人们欢天喜地，胜似过春节。

六合场的大地主刘仁安已经逃跑了，红军就驻扎在他家的大院里。经过一个晚上的准备，第二天就在大院门前，挂上了六合场乡苏维埃政府的牌子。

捉奸细

六合场乡苏维埃政府宣告成立后,与敌人的斗争并没有完结,而是更激烈的开始。那些逃到外地的地主恶霸,不甘心失去他们的"天堂",纷纷投奔到反动的川军营下,组织成立"孝义会""还乡团""大刀会"等反动武装。逃亡在外的原六合场乡长刘仁安,纠集土匪、恶霸、地主,策动返乡,欲与六合场乡苏维埃政府血战一场,为此,他们不断派人到六合场打探情报。

六合场乡苏维埃政府建立后,立即向纵深开展保卫人民政权的工作。放手发动群众、组织群众,由二十来岁的青年,组成游击队,持枪荷弹,以便与敌人进行游击性战斗;由十五六岁的少年,组成少年先锋队,不持枪弹,只持红缨枪——在白蜡杆子安上一个锋利的梭镖头,在梭镖头下扎上丝麻红缨;由十二三岁的孩子组成儿童团,一般儿童团不持武器。

张思德被选为六合场乡少先队队长，乡以下的各村庄设有少先队分队。少先队的任务是站岗、放哨、巡逻，查奸防探，帮助乡苏维埃政府稳定革命局面。

六合场乡的辖村中有一个地主，叫陈智轩（也写作陈自轩），红军到来之前，他闻风而逃，投靠了川军。前一段时间，有人在六合场乡附近发现过他的踪影，怀疑他是暗中来打探情况的，乡苏维埃政府对这件事情十分重视，通知各个路口关卡密切注意，严加盘查。一天，川军又派陈智轩来刺探情报，他趁夜色潜伏到他过去的狗腿子家。他让狗腿子帮他探听乡苏维埃政府的人员和工作情况，狗腿子不敢出探，到外边转了一圈，回家对陈智轩说没啥情况。两天过去了，陈智轩觉得没啥收获，怕回去不好交代，只好自己上阵。他担心被抓到，乔装穿上穷人的旧蓝布长衫，腰系鸡肠带，前后衣角提起来扎在腰间，头上缠上一块帕子，在右眼角上贴了一块膏药，身上背着三张羊皮，装成一副收山货的"山货客"模样。自认为可以瞒天过海，哪知出门活动不久，就碰上了张思德带着少先队员大山、二虎、登贵巡逻。陈智轩看到前面来了一群扛红缨枪的孩子，想躲，却又感到来不及了，只好硬着头皮往前走。少先队员拦住他检查路条，陈智轩这个狡猾的家伙，还真的准备了一张假造的路条。二虎见这个"山货客"有路条，是营山那边开的，盖着苏维埃政府的红印，就让他过去了。

张思德警惕性很高，走了两步，觉得不对劲：这个人头上的帕子为什么压得那么低，都压到眉毛了，脸上还贴着膏药，有些神神秘秘的。感觉此人可疑，张思德灵机一动，大喊一声："站住！"

张思德本想，若是坏人，被这么一喊，肯定撒腿就跑，可这人真的站住了。张思德沉思一下，上前说："我家有两张羊皮，你收吗？"那人说："货收齐了，小兄弟，下次吧。"张思德更加怀疑了，为什么仅仅收了三张羊皮就说货收齐了呢？张思德暗示二虎、大山、登贵缠住这位"山货客"，然后说："两张皮子也不多，价钱你看着给。"其他几个巡查队员也都围上来说："我家还有哩。""我家离这儿近，看一下货不行吗？"你一言，我一语，缠得"山货客"脱不了身，刚好他也想借着买羊皮之机多了解一些情况，就答应了："那就先去看看吧。"

这时张思德对登贵说："先去你家看羊皮……"说着给登贵递了一个眼色。"山货客"跟着登贵他们走了。

张思德转身就跑，他想起乡政府通缉的陈智轩。乡里已经交代过，陈智轩若来探听情况，他的接头人，极可能是他过去的那个狗腿子。张思德直奔那个狗腿子家去了。

在军事斗争中，有句成语叫"兵不厌诈"。张思德虽未读过兵书，但他很聪明，能够见机行事，他要去狗腿子家"诈"个虚实。他一见狗腿子，劈头厉声就问："陈智轩到你家来，你为什么不报告？"

"没有啊。"狗腿子说，"他不是早就跑到外面去了吗？"

"还抵赖，我们都逮住他了！他装扮成'山货客'，收皮子，他已经坦白说，这几天藏在你家，你还不老实！跟我走，现在就去当面对质！"

狗腿子一听，忙说："他是来了，说要在我这里住两天，他出去干啥子，可和我没有关系啊，我什么也没做。"

张思德一听暗喜，没错了，那个"山货客"就是陈智轩了。于是说："走吧，跟我去看看，这次你要再不老实，苏维埃政府饶不了你！"狗腿子被押着出了家门。

那"山货客"正在登贵家被许多人围着，一见张思德押着狗腿子进了门，慌了，想跑，但门口已被张思德堵住了，红缨枪嗖的一声顶在了他的胸膛："好你个陈智轩，把帕子解了！"

陈智轩见大势已去，扑通跪在地上，连连说软话："饶命啊！是川军逼我来的，我不愿意来呀！"

登贵一把扯下陈智轩的帕子，又撕下那块黑膏药，奸细原形毕露了！狗腿子这时也傻了眼。

张思德和少先队员们雄赳赳气昂昂，押着两个家伙去了乡苏维埃政府。

第一次战斗

反动派视红军和苏区为眼中钉肉中刺，必欲除之而后快。1933年10月，蒋介石出钱出枪，支持川军对川陕革命根据地进行疯狂反扑。敌人组织了110个团，二十万兵力，兵分六路，合力攻来。

为反击敌人，保卫苏区，红军开始"扩红"，增加兵员。张思德踊跃报名参军，经短暂集训，编入长胜县独立团二营，在营部任通讯员。之后第三天就参加了战斗。

敌人派民团团长胡子贞，带领六百多人，进占了瓦子场苏区。独立团命令二营夺回瓦子场。二营营长聂绍红接到命令后，决定先派张思德等四名战士，分成两组，进瓦子场侦察敌情。临出发时，组织特别叮嘱他们，这次进场主要是摸清情况，迅速返回，不要和敌人发生冲突，更不要纠缠。

张思德穿上便装，背了一筐木炭作为掩护，顺利地进入瓦子场。张思德细心地观察着，暗暗记着。有些地方有哨兵把守，不让通行，这里肯定住着敌人。走着走着，看到一个大院子门口四人站岗。张思德心想，这里可能是指挥部。他故意装作脚下绊了一下，身子歪倒，背的炭撒了出来。张思德慌慌张张地往筐里拾木炭。这时，一个哨兵走过来，说："嘿，这里正要木炭烤火，赶快给老子送进去！"张思德装作要跑，哨兵一把揪住他："往哪跑，老子看上这炭了，背进去！"张思德跟着哨兵进了大院，趁交炭、索钱的工夫，把大院里的情况看了个仔细，这里就是民团团部，匪首胡子贞就住在这里。

等回到自己的队伍，张思德等人向营长汇报了详情。入夜，二营向敌人发起突然袭击，战斗打响后，聂营长带人直扑民团团部，来了个擒贼先擒王。敌人猝不及防，胡子贞仓皇逃窜，失去指挥的敌人，很快被打垮，红军顺利收复了瓦子场。

胡子贞逃跑后，不甘心吃这个亏，过了几天，他纠集残部，卷土重来，占据了长胜和昌平接壤处的福禄寨。福禄寨是一处高地，山高路险，易守难攻，胡匪妄图凭借地形优势，伺机重夺瓦子场。

独立团仍然命令二营歼敌，并提出这次务必要一网打尽，不要再让敌人跑掉了。

聂营长考虑到福禄寨的地形，经深思熟虑提出了歼敌方案——诱敌下山，平地围歼。

聂营长让人放出风去，称二营将奉命调往长胜县。这天下午，二营战士开始行动。走的时候，又是和乡亲告别，又是沿途做宣传工作，声势闹得很大。天黑后，部队停止前行，急速回返，下半夜回到瓦子场，悄悄布好了埋伏。

果如红军所料，敌人的探子侦察到红军离去，连忙报信给胡子贞。胡子贞大喜，认为重占瓦子场的时机到了。

天快要亮时，敌人向瓦子场攻来，进入了红军的埋伏圈。聂营长见敌人中了埋伏，大喊一声："打！"顿时枪声大作，红军一齐开火，敌人被打得措手不及，死的死，伤的伤，剩下的找地形还击，负隅顽抗。那时独立团装备较差，枪支和子弹都不多，打了一阵，就发起冲锋，准备以近战歼敌。

没有想到，民团有一挺机枪，火力很猛，压得战士们冲不上去。聂营长见冲锋受阻，十分着急，吩咐张思德："打掉那挺机枪！"张思德是通讯员，跟在营长身边，并配有一支步枪。他听到命令后，立即举枪瞄准，第一枪没打中，又打了第二枪，这次把敌人的机枪手打死了！机枪一哑，红军战士一拥而上，大刀、梭镖杀得敌人鬼哭狼嚎，不到半个小时，战斗胜利结束。

这一战，二营不仅缴获了一百多支枪，还活捉了匪首胡子贞。

第二天上午，瓦子场苏维埃政府召开庆功大会，张思德等二十多名战士受到了立功嘉奖。

大石坎搬兵

1933年11月,"川北五县联合剿共指挥部"纠集反动民团、土匪近两千人,向立山镇合围而来。总指挥是一个叫傅俊卿的大土匪头子,这人满脸络腮胡子,一打仗就光着膀子,露出满身伤疤,是当地有名的"不怕死"。

当时的立山镇虽被称为长胜县,但实际上并无固若金汤的城防可依。县独立团在敌众我寡的情况下,撤出了立山镇,待机歼敌。

独立团的主力部队撤到顶山,独立团的二营撤到立山镇外的大石坎坚守。大石坎,是一个较大的山垣,前有山寨,后有深沟,两边是悬崖和峡谷,山前有一道数丈高的大石坎,当中一条曲折陡峭的山路,是立山通往巴中的唯一要道,地势易守难攻。二营撤到这里,一来牵制敌人兵力,二来扼守去往顶山的通道。

白匪未费一枪一弹,就占领了立山镇,十分得意,吹嘘为"长胜大捷"。独立团分散在镇外，匪徒们连根毫毛也没得到，既不甘心，也不敢大意。于是"剿共指挥部"命令匪徒们分头进攻独立团各部，企图一举消灭独立团，傅俊卿负责攻打大石坎的二营。

这天，开始了第一轮攻势，土匪们个个身披斗篷，头蒙黄纸，跳来跳去，念念有词，挥舞鬼头刀，好像他们刀枪不入似的，不要命地往上冲。二营的一些新兵没见过这种阵势，给吓了一跳。聂营长告诉大家："沉住气，把敌人放近了再打。"等敌人冲近了，红军放起了排子枪，结果这些装神弄鬼的家伙像秋风扫落叶一样被撂倒了一片。几个回合后，这伙土匪不敢再冲锋了。但是敌人不甘心失败，匪首傅俊卿改变了战术，他命令土匪把大石坎紧紧包围，实行围而不攻，妄图困死二营，这一招，着实给二营带来了一定危险。

在古代战争史上，这种围而不攻、消耗对方的战例屡见不鲜。北宋时代，西夏王国之师包围了杨家将的故乡麟州城，实行围而不攻，切断水源，消耗宋军，使宋军危在旦夕。时任陕西经略安抚副使兼知延州的范仲淹为此战势写了一首《渔家傲·秋思》："塞下秋来风景异，衡阳雁去无留意。四面边声连角起，千嶂里，长烟落日孤城闭。浊酒一杯家万里，燕然未勒归无计。羌管悠悠霜满地，人不寐，将军白发征夫泪。"这虽是古代的事情，但当下二营被围在大石坎，处境也同样危急。

一天过去了，两天过去了……大石坎眼看就要断粮断水了。聂营长和连队干部们商量：这样被困下去不是办法，如果我们能跟团部取得联系，把敌人吸引在这里，团部派部队来对匪敌实施反包围，实行内外夹击，就能转败为胜，全歼这股土匪，进而对其他民团，就可各个击破了。大家都觉得这个主意好，关键是如何下山去与团部联系。聂营长经过慎重考虑，把这搬兵任务交给了张思德和陈代远。

聂营长交代说，团部在顶山，你们从山沟悄悄潜出去。一定把口信带给团长。为了不泄密，不能拿文字，只能用心记，见到团长口头汇报。深夜，张思德和陈代远二人用绳索悄悄缒下深沟，潜行而去。

两个人趁深夜乔装下山，人少动静小，还算顺利。张思德和陈代远走了一整天路，又渴又饿，到黄昏时，已接近一座古刹龙凤观。龙凤观是一处道家寺庙，山南山北的农民一年四季不断有人到此烧香上供许愿。张思德和陈代远商量，到龙凤观求碗水喝，求点吃的，然后再走夜路去顶山。

他们二人向龙凤观走去，突然抬头一望，发现龙凤观大门外有持枪站岗放哨的土匪。二人赶紧躲到一块巨石后边商量对策——龙凤观周围都是高山峻岭、深峡流水，唯龙凤观有通往顶山的山路，也是最近的一条路。如果不由此通过，绕路而行，恐怕延误搬兵时机。正在这举棋不定、进退难决之时，从山下走来了一个人，六十来岁，旧帽破衣，一看就知是一位穷苦山民。张思德便问："大伯，天快黑了，你到哪里去？"原来这位山民有个花季女儿，前些天，被进村土匪绑起来要带走，她纵身跳入井中，幸好井水浅没有淹死，但她被吓出了疯疯癫癫的精神病。山民告诉张思德说，他和龙凤观的道长相识，今日赶来烧香许愿，以求女儿早日康复。

张思德告诉大伯："咱们都是穷苦山民，我们是被土匪抓住逃出来的，今日道观里可能住着一伙土匪，你来许愿，说话多加小心，也请你向道长说句好话，就说我们俩是你的邻居，连夜过山去给老母亲买救命药，请道长带我们过去。"张思德这办法还真灵，就这样由道长出面给放哨的土匪说情，便顺利过了道观下了山。

张思德和陈代远来到顶山，向团长汇报了二营被围困的情况，陈团长立即做出部署，并设法联络主力红军。第三天夜里，张思德和陈代远又攀着山崖回到营里。

独立团在主力红军两个连的配合下，悄悄对包围大石坎的敌人实施了反包围。天刚蒙蒙亮，两个潜入敌阵的侦察员点爆了炸药包，巨响就是信号，二营从山上往下冲，援军从外面往里打。土匪民团还在梦中，见红军神兵天降，来不及抵抗就被击溃了。

傅俊卿带着一二百人拼命逃窜，沿途不断丢下银圆、米袋，试图诱使红军战士捡拾银圆，以换取自己逃跑的时间。哪知红军不同于反动军队，不拾银圆，只想要傅俊卿的性命，始终穷追不舍。一直追到三河场的鹞子洞，攻破了山洞，将匪首傅俊卿活捉。

立山镇收复，红军将傅俊卿等十多名匪首当众处决。张思德和陈代远搬兵有功，受到了团长的表扬。

惨烈突围战

川陕红军占据立山镇后,从行政区划上,把原立山镇改为长胜县;从军事上,组建起长胜县独立团,由陈明保任团长。张思德参加独立团后,分在二营当战士。

1934年初,川军和地主反动武装相结合,对川陕革命根据地进行"六路围攻"。红四方面军主力部队在东线万源一带应对第五、第六路敌人,西线的第一、二、三、四路川军和地主反动武装乘机猛攻长胜等苏区。长胜县独立团需要应对几路敌人的进攻,战斗频繁发生,敌众我寡,战势不利,独立团不断伤亡减员,面临的压力很大。

红军在起初的发展阶段,总体上处于敌强我弱的形势,所以对敌作战坚持游击战、运动战,从敌我双方具体实力出发,打得赢就打、打不赢则走。"留得青山在,不怕没柴烧",注意保护革命实力，待机歼灭敌人。根据这一原则，上级指示独立团，向北面突围，尽量避敌，不与敌人纠缠，迅速把部队撤到比较安全的巴中地带。上级的指示精神是正确的，独立团的行动目标也是如此，但是敌人凭仗优势兵力，紧紧咬住独立团，围追堵截，步步紧逼，一时独立团陷入了困境，于是惨烈的突围战连连发生。

第一次惨烈突围是在玉山。一天，张思德所在的二营，在玉山被敌人咬上了。双方激战数小时，尽管红军战士十分英勇，给敌人以重大杀伤，可是敌人太多了，一批一批不断地涌上来，二营战士不断牺牲。聂营长决定，几个连长带领部队迅速转移撤离战场，他自己带领一个排，担任阻击断后任务。

张思德也随聂营长参加断后阻击，这个排分成六个战斗小组，轮番作战，阻击敌人。营长在火线上射击、投弹，指挥一组一组投入战斗，尽量为撤退部队争取时间。枪林弹雨中，不断有战士倒下，突然营长也负伤了！张思德给营长简单地包扎了一下伤口又投入战斗，但营长很快身中数弹，站不起来了，阵地上只剩下五个战士了。营长命令张思德带着这几个战士夺路速撤，张思德他们哭着执意要抬上营长一起撤，营长大声喊道："红军战士，哭什么！能走一个是一个，你们快突围出去，把情况报告给团长！"说完，他从怀里掏出两枚银圆，交给张思德："告诉团长，这是我的最后一次党费！"在这次战斗中聂营长牺牲了。张思德和几名战友突围后，见到团长，汇报了突围情况，并哭着把营长的最后一次党费交到了团长陈明保的手里。陈团长紧紧攥住银圆，上牙咬住下嘴唇，红着眼圈，久未说话……

这一次战斗后，张思德就跟随陈团长做通讯员。没过几天，团部带领的部队又被川军围住了，部队三四百人，被逼退到一座小山包上，从中午打到黄昏，子弹都快打光了，也没冲出敌人的包围圈。

援军无望，战情万分火急，陈团长的眼睛都红了，看看天快黑了，他命令："共产党员都站出来，组成突击队，掩护部队突围。"他把一些战士的手榴弹集中起来，交给共产党员，陈团长自己腰带里也塞满了一圈手榴弹，准备用手榴弹炸开一条突围血路。

夜幕降临了，陈团长一声令下，突围开始。张思德紧跟着团长，跑着弧形路线，一颗颗手榴弹把敌人的包围圈瞬间撕开了一个口子。这时陈团长扭过脸对张思德喊："快跑！"张思德不肯，说："要走一块走，要死一块死！"陈团长怒道："糊涂！少死一个是一个，你给我活着冲出去！"他猛地拉开一颗手榴弹的引线，怒吼："再不走就没命啦！"张思德从没见过团长发这么大火，在团长的命令下，只得扭头快跑，而陈团长带领党员们继续向敌人猛扑过去……

战争中的惨烈突围，往往生命就是代价，这次突围才冲出一百多人。独立团冲出去的战士，被收拢后，编入了第九军，番号为红九军第八十团。陈团长在那晚突围中牺牲了，敌人认出他是长胜县独立团团长，割下他的头，悬挂在立山镇的牌楼上示众。

这次突围后，张思德被组织送到川陕苏区的列宁模范学校。列宁模范学校位于巴中县恩阳镇，属于苏区中心，形势相对稳定，张思德在这里度过了一段学习生活。

去汉中送密件

张思德从川陕苏区的列宁模范学校毕业后,被分配到军区工作。因为张思德是当地人,熟悉当地的地理环境、风土人情,语言口音也与当地民众相同,加上他又机智勇敢,军区领导根据他的这些优势,安排他当交通员,传递机密情报。张思德的具体工作是与陕南汉中一带的地下党联络情报。从军区到汉中,要翻越大巴山脉,要在大巴山中寻找敌人设卡少的偏僻山路往来,因此常常住山洞,宿密林,十分艰苦。张思德对风餐露宿不在话下,对敌斗争也点子不少,对完成任务很有信心,领导也放心,但风险也是难免的。

有一次,组织让张思德向汉中地下党送一封信,信的内容,是让汉中游击队配合川北红军攻打驻守勉县的敌人。张思德接受这一任务后,遵照常例先把信的内容背熟,再把信藏好,便出发了。

在通往汉中的路上，有一个叫米仓山喜神坝的敌卡，张思德经过此哨卡时，被站岗的白军拦住了，问道："干什么去？"

这次张思德背着半篓盐巴，向白军半转身子说："去卖盐。"

白军不再追问什么，把他推推搡搡地关进了一个屋子里。他一看屋内已经关了五个人，看样子这几个人都是过路的青壮山民，他们说不知为什么被关。时到中午，进来一个白军说："跟我换军装去！"张思德立刻意识到，情况不妙，于是转身把密信吞到肚子里去了。他猜想，一定是被抓壮丁了，没想到让他们六个人换上白军军装，每两个人抬一个大箱子，给汉中城里一位长官去送礼。

到了汉中长官院子，放下大箱子，走出了大院，站岗的白军也不知他们是被抓的人，还以为他们就是白军呢，所以也不给换衣服，只是一挥手说："回去吧！"张思德只好穿着白军军装去找"接头人"。接头人一见吓一跳，经张思德解说细情，这才放了心。接着张思德就把信中原话背给接头人听……这次算是有惊无险。

还有一次，比这更惊险，对于这次遇险详情，张思德生前列宁学校的同桌罗忠，在2008年第16期《求是》杂志上发表了一篇题为《我的战友张思德》的文稿，其中一段讲到了这件事，其经过是这样的：

1934年，正是敌人对红军实行围攻之际，军区指挥部决定派张思德深入敌占区刺探情报。张思德接到任务后，马上出发去了汉中。他先是到城西一家小旅店，与地下党取得联系，而后乔装成柴贩进城，到指定地点接头。接头的交通员利用在汉中伪警察局当事务长做掩护，把张思德的柴买进警察局，张思德交了柴收了钱（钱里藏着情报），正要出门时，不知为何敌人突然发出了警报，城里顿时布满了敌军。张思德机警地从后院小门拐进了一家旅店。天黑后，敌人的搜查队来了，张思德跑进了厕所，从一个洞口爬了出去，摸黑摸到了城墙脚下，见城墙上都是敌人的岗哨，就在水沟里躲了起来。等到后半夜，他顺着水沟从城壕爬出去，一溜烟跑到了城外的联络站。

由于时间紧、任务急，我军地下交通员决定当晚把他送往苏区。这一带是敌人布下的一道封锁川陕苏区的防线，交通员打算领着张思德从敌人不大注意的一个地方走。快走到时，发现敌人也在那里布防巡逻了。他俩就在树丛里隐蔽，发现敌人并不多，只有七八个，配有一架轻机枪，张思德当即决定打个伏击。待敌人走近时，他们甩出两颗手榴弹，轰轰两声巨响，当场炸伤三个、炸死一个。说时迟那时快，他俩似猛虎般从山上飞奔而下，用手枪对准敌人吼道："放下武器，我们是中国工农红军！"敌人顿时腿软了。张思德说："我们是穷人的军队，穷人不打穷人，你们回去吧。"几个俘虏说："我们也是穷人，是他们抓来的，我们也要当红军。"张思德同意了，就把下了撞针的机枪和步枪让他们背上，顺利地通过了封锁线,出色地完成了任务,受到了上级的嘉奖。

在军区工作的这段时间,张思德表现得很优异,后来随着军区指挥部的转移,张思德又回到了野战部队。

奔袭路上打草鞋

活跃在川陕革命根据地的红军指战员，奋战十个月，彻底粉碎了敌人的"六路围攻"。川军剿共总司令刘湘自称"无颜见江东父老"，引咎辞职。但蒋介石不甘失败，在 1934 年 10 月 22 日，又恢复刘湘剿共总司令之职，并派胡宗南一个加强团入川，以 200 个团的兵力，对川陕革命根据地发起"川陕会剿"。看来敌人是要决心摧毁根据地。

此前，由于第五次反"围剿"的失败，原在中国东部大江南北各个苏区的红军，开始向陕甘苏区进行万里长征的战略转移。长征途经遵义，召开了确立毛泽东领导地位的"遵义会议"。此会之后的 1935 年 1 月 22 日，中共中央及军委致电红四方面军，称："我们建议，你们应以群众武装与独立师团向东线积极活动，钳制刘（湘）敌，而集中红军全力向西线前进。"中央指出，西线胜利把握较多，与中央红军配合较近，对苏区发展有利。电文明确指出："故你们宜速集结部队完成进攻准备，于最近时期，实行向嘉陵江以西进攻。"

红四方面军根据当前形势和中央建议，决定西渡嘉陵江，向川甘两省边界地区发展，于是一次边打边转移的长途奔袭就开始了。

在集结调整部队时，张思德被分编到红四方面军73师。1935年3月初，他跟随这支部队向嘉陵江边前进，当时给养条件很差，有不少战士的鞋磨烂了，无鞋可换，只得赤脚行军。部队有时走河滩，滩上到处都是鹅卵石、砾石屑，行军中战士常常碰伤脚趾，磨破脚板。有时部队走山路，战士的双脚常常被棱角石扎破，出现一道道血口，虽然红军战士不怕苦，可脚疼还是影响了行军速度。

张思德看到身边战友们的伤脚疼痛，心里很着急，他暗暗琢磨主意。部队行军时，张思德不停地观察沿路草木情况，一天，他在山路的岩石缝里，发现了"梭草"（即野灯心草，亦名龙须草）。他和班里的战友，打了一个招呼，就拔出刺刀割起梭草来。战友们奇怪地问他："割这玩意干什么用？"张思德笑笑说："这种草可以打草绳，也可以打成草鞋，有了草鞋，我们就不会磨破脚了。"战友们听了，纷纷帮他割梭草、背梭草。

宿营时分，别的战友们都休息了，张思德却拿出梭草搓起草绳来。搓好草绳后，他在地上钉了两个小木桩，中间系一根搓好的草绳，然后在这根绳上，用梭草编出四股绳头，用另一根细草绳，在四股绳头的交接处缠一个一寸长的疙瘩结。再用一根粗布条穿过疙瘩结，将它紧紧套在腰间皮带上，准备工作就算做好了。张思德盘腿坐在地上，用梭草编织起"鞋码"来，只见他双手翻飞，在四股绳头之间来回穿梭，梭草一把把地被编进绳中，鞋绳不断变长，又不断被编织在鞋底。编着，织着，渐渐可以看出草鞋的雏形了。

班里的战友非常好奇，当看出点草鞋的眉目时，他们不禁啧啧称奇，都夸张思德："你还真行啊！"于是大家都围上来，帮张思德搓草绳，打下手。有了战友们的帮忙，张思德打草鞋的速度快多了，一晚上打出好几双。张思德把草鞋送给班里光脚的战友，大家穿上试了试，发现这草鞋打得又软和，又合脚，走上几步，嘿！比打赤脚强多了！

战士们问张思德："你啥时候学的这手艺？"

张思德长叹一口气说："这还是赵大爷教给我的。"接着，他向战友们讲起了一段往事："我在六合场住的时候，赵大爷是我的邻居。他有一个貌美善良的妻子，黑心的恶霸地主，设了圈套，把赵大爷的妻子糟蹋了。赵大爷的妻子跳井自杀了，赵大爷找地主去拼命，他一个人哪能打得赢？于是被狗腿子们打瘸了腿。他孤苦伶仃，就靠打草鞋换点钱过日子。左邻右舍的人都很同情赵大爷，我也常常帮他做些力所能及的事情。赵大爷很喜欢我，之后就把打草鞋的手艺传给了我。他常说：'家有千金万金，不如手艺在身。'赵大爷要是不会打草鞋，早就饿死了。"

第二天，穿上草鞋的战士，走起路来舒服多了，行军速度也大大加快了。等到宿营时，战士们都主动给张思德做帮手，学手艺，一起打草鞋。张思德打草鞋的事，很快被连长知道了。连长把张思德叫去了解打草鞋的情况。连长说："听说你给战士们打了几双草鞋。"

张思德敬礼说："是！"

张思德的"是"字刚一出口，团长一步进了门。看到张思德正面对连长站着，误以为战士犯了什么错误，顺便问连长："这位战士做了什么错事？"

连长对团长说："他没有犯错误，他叫张思德，是连里的好战士。他在行军中割了一些梭草，利用晚睡时间给几个战士打了草鞋，战士们反映有了草鞋不再磨破脚了，行军速度加快了。"

团长若有所思地"唔"了一声，问张思德："你怎么想起打草鞋来？"

张思德给团长敬了一个礼："报告团长！我觉得除了勇敢精神和枪炮子弹是战斗力以外，在长途奔袭路上,草鞋也是战斗力。"

团长听到"草鞋也是战斗力"这句话，一下子高兴起来："想得好，说得好，做得好！连里要提倡，团里也要提倡。"

团长肯定了打草鞋的事，在全连集合时，连长表扬了张思德，号召大家向张思德学习。从此，张思德在连里、团里有了"草鞋师傅"的称号。

渡江"偷"敌船

1935年春,红四方面军根据中央指示,向嘉陵江以西进行战略转移,于3月,红四方面军来到了嘉陵江东岸的四川苍溪县和阆中县境内。红军在这一带要进行强渡嘉陵江的战役,部队为此展开了方方面面的准备工作。

嘉陵江,源自陕西省凤县的嘉陵谷,向南流经略阳、广元、苍溪、阆中、南充等十几个县市,至重庆汇入长江,全长1100多公里,为长江第三大支流。全江南北落差很大,江水湍急,其本身就是一道天险。且敌人的两个地方军队加上蒋介石的一个嫡系独立旅,陈兵嘉陵江西岸,构碉堡、炸桥梁、收船只,企图阻止红军西渡嘉陵江。

红军为了打好渡江战役,组织渡江先头部队练习游泳,演练用短枪和手榴弹从水底攻击,等等。最为重要的是,赶造浮桥和船只。

红军在嘉陵江东岸奔袭时,敌人把大小船只都收到西岸去了。没有船,部队很难渡江,所以造船成了头等要务。那时,整个川陕苏区都动员起来了,组织了许多造船队,川陕省政府主席亲自抓这项工作,而老百姓则从各地送来木料、门板、竹子、铁钉,等等,造船队日夜赶造船只、竹筏和浮桥。

这天,张思德沿江岸巡逻时,忽然发现对岸好像有两条船,张思德立刻向连长报告了自己的发现。连长也观察了一番,确实是有两条船。张思德向连长建议:天黑后由自己游过江去,把船搞过来。连长考虑了一下说:"别着急,先观察观察。"

连长迅速向团部做了汇报,团里十分重视,借给连长一副望远镜,让他好好观察。连长带着张思德隐蔽在江边观察了半天,看清楚那里是一个木头搭的小码头,船就拴在小码头的木桩上,码头上游有一处碉堡,但白天没有发现哨兵。

眼下,船是大军渡江的急需物资,多一条船就多一分胜利的把握,所以团里同意渡江搞船,并指示连长准备火力掩护。天黑透了,行动开始。张思德背上一捆绳索,身上绑着一把锋利的刀子,登上了江岸。当时江雾弥漫,夜黑伸手不见五指,只听见大江的流淌声,和一阵阵扑面而来的冰凉水汽。连长知道水寒,特别为张思德准备了一个装满烧酒的葫芦,下水前,张思德猛喝了几大口酒。连长点起一盏灯,告诉张思德,这是为他指示方向的。

张思德虽然喝了几口酒,可刚一下水还是打了两个寒战。他从小在家乡的元滩河里玩耍游泳,水性十分好,可像嘉陵江这样水流湍急的大河，他也是第一次泅渡。当他奋力游到对岸时，只见黑乎乎一片，根本看不到什么小码头。张思德回头往东岸一看，连长点的那盏灯在好远的上游哩，原来，他横渡时被江流往下游冲出了好远。他校正了方向，又逆着江水往上游小码头方向游去……

游近了，见那两条船还拴在那里，张思德潜到小码头下面，听了听上面无动静，便抽出刀来，准备动手割缆绳。突然，岸边传来脚步声和说话声，有人走上了小码头。张思德赶紧扶着桩柱，把身体缩入水中，只露出脑袋。细一听，原来是岗哨里的敌人在巡逻，张思德一动不动在寒水里强忍着，等待机会。

张思德觉得时间过得太慢了，好长时间，脚步声才渐渐远了。他确信安全后，赶紧拧开葫芦喝了几口酒，把背来的绳索拴在船上，用刀子割断了船的缆绳，推着船一蹬柱子，船就离开了西岸，张思德也游入了江心。

返回的路上，张思德腰里拖着两条船，着实游得吃力。当他回头观察，发现敌人还缩在碉堡里没有察觉，心情无比高兴……

因为有船的拖累，张思德又被江流冲向下游好远，等他到了东岸时，一头趴在东岸上，累得爬不起来了。歇了一会，他才起身拖着船往上游走。很快，连长派人来接应了……

张思德只身渡江偷来两条船的事迹，报到团里、师里，师里通令嘉奖了他。

3月下旬，渡江准备工作已经完成，张思德和战士们纷纷请战,争当突击队。上级经过通盘考虑,安排别的部队打先锋,张思德所在的部队做第二梯队,这样,张思德弄来的那两条船就交给兄弟部队使用了。

3月28日夜,红军渡江开始。几十门大炮和许多轻重机枪,齐向对岸敌人开火。百余条木船飞驶江面,渡江战士呐喊震天,对岸敌人招架不住,节节败退。张思德第一次见到这么大规模的战斗场面,激动不已。他所在的第二梯队,是下半夜踩着新架起的三座浮桥过的江。过江后,部队展开纵深攻击,战役历经二十四天,歼灭敌军一万余人,攻克了九座县城,控制了嘉陵江以西至北川的广大地区,在红军战史上写下了光辉一页。

夺机枪

1935年3月28日夜间,抢渡嘉陵江的战斗打响。次日拂晓,大部分红军已经渡过嘉陵江,开始猛攻各个战略要地。过了江的红军,势如猛虎,把嘉陵江西岸的守敌打得落花流水,东逃西窜,红军乘胜追击,拓展更大区域。

张思德所在部队沿江攻击阆中县城和南部县城。一开始,他们拔据点,破堡垒,打得十分顺手。中午,部队攻到阆中城,却遇到了守敌顽强抵抗。

在城东关,一股敌军缩在一个土围子里,凭着地利死守。常言道,困兽难斗。敌人也知道到了决定命运的时刻,他们打红了眼,架起机关枪,狂扫不止。这里地势比较开阔,在猛烈的火力下,红军连队不宜硬往上冲。连队没有小炮等重武器,一时对这个土围子无可奈何,为了避免不必要的损失,连长下令暂停攻击。

连长是位战斗经验丰富的指挥员,他召集连队骨干,开了一个阵前"诸葛亮会"。同志们七嘴八舌地发言,纷纷出主意。有的说,组织爆破队,摸上去炸掉敌人的机枪;有的说,要是有炮就好了,送兔崽子们全上天……

张思德却沉思着,他有另一种想法。眼前的情景,让他想起了当年在长胜县独立团参加瓦子场战斗的场面,那时部队冲锋,也是被敌人机枪火力封住,是他奉命打哑了机枪。可是战斗结束后打扫战场,却怎么也找不到机枪了,为此,聂营长懊恼了好一阵。眼下的局面,何其相似,如果也把机枪炸掉,是不是太可惜了?能不能把这挺机枪搞过来呢?张思德在心里打上了这挺机关枪的主意。

张思德把自己的想法报告给连长,连长听后十分赞成,他组织大家专门研究这个想法,很快形成了几条意见:一、天黑后再攻击,避免牺牲,由张思德负责夺机枪。二、要把机枪夺到手,不要炸坏。三、哪怕少抓几个俘虏,也别拿跑了这挺机枪。

入夜,连队按照既定的策略,发起了佯攻。这次,几个排的战士从几个方向大声呐喊、枪声集中,佯做开始总攻冲锋。敌人不知虚实,分兵应付,机枪再次嗒嗒地响起来。张思德看好了机枪的位置,从侧面往上迂回,凭借夜幕的掩护,他迂回到了土围子跟前。敌人的机枪就架在一个简易工事上,张思德从土围子下,带着手榴弹和绳索,猫着腰,慢慢接近机枪射击点。枪管在他头上响个不停,张思德把准备的绳索放开,手执两端,做好了准备。机枪响了一阵,突然停下来换弹夹。张思德抓住这一瞬间,猛然抡起绳子，就像跳绳那样，一下子套住了敌人的机枪枪管。还未等敌人反应过来，张思德使劲往下一拉："过来吧！"机枪真的给拽了下来。张思德眼疾手快，应对利落，抓住机枪，反手就把一颗手榴弹"回敬"给土围子上面的敌人，他趁势一滚，只听轰隆一声巨响，土围子上一片鬼哭狼嚎。

"冲啊！"连长带领战士发起了真正的猛攻，不一会儿，就结束了战斗。

部队拿下了阆中县城，胜利完成了预计的战斗任务。连里召开了一次战斗总结庆祝会，会上战士们除了唱歌外，还有位战士表演了自编的快板书，其中有几句这样说：

请诸位，
听我说，
机智勇敢张思德，
火线巧把机枪夺。
敌人成了"运输队"，
枪支弹药送来多。
……

张思德如愿地夺得了一挺机枪。在这次庆祝会上，连长十分高兴，他向战士们宣布："这挺机枪从现在起，就由张思德同志保管使用！"从此，张思德就和这挺机关枪结下了缘分，成为一名出色的机枪手，在以后的战斗中，他用这挺机枪打出了红军的威风！

草地泥潭救战友

1935年秋,张思德所在的红军长征右路军,从四川毛尔盖出发,向巴西地区进军,这要经过川西北的百里草地。这里所说的草地,不是一般的草原,更不是公园里芳草离离的绿洲,而是泥水兼具的茫茫草洼沼泽。这种地方因泥水陷足,既不能放牧,更无人涉足。所以一提红军长征的艰难困苦,人们首先想到的是爬雪山,过草地。

在长征途中,红军穿越草地,其实不止步履艰难,还有沼泽稀泥带来的生命危险。张思德和他的战友在过草地的时候,就遇到了这种情况。

一眼望不到边的茫茫草地,有水,有泥,有草墩子,还有深深的泥潭。在草墩子与草墩子之间泥水连片,泥水浅的地方,踩下去没了脚面,泥浆较深的地方,一脚下去,可以没过脚脖子。

泥水的浅处和深处，虽然陷脚陷腿，步履维艰，但是没有生命危险。最可怕的地方是深深的"泥窝"，也叫泥潭，一旦陷进去，很难自拔。张思德和他的战友们就是在草墩上和泥水中一步一步向前的，他们走着走着，忽听后面有一位战友大声喊："救命呀！救命！"

大家回头一看，战士小李两腿陷入了泥潭，自己拔不出来。他向上拔一拔右腿，左腿就向下沉一沉，他再用力拔拔左腿，右腿又向下沉一沉，这样一拔一沉，泥浆已经到了大腿根。

张思德所在班的班长叫杜泽洲，他走到小李跟前，两腿叉开，踩在草墩上，拉着小李的胳膊使劲儿向上拽。其不知，小李脚下没有硬地可踩，泥浆里没有空气，腿被紧紧地吸住，不仅拽不上来，班长自己也有沉下去的危险。因为他使劲拽小李，自己的脚就得使劲儿踩草墩子，草地上的草墩，墩上是草，草下是盘根错节的根团，根团下面是稀泥，所以草墩子的承载力也是有限的。

杜班长三使劲儿两使劲儿，草墩就活动了，再踩，草墩子就会往下沉。杜班长和小李，着急得满头大汗。小李不仅没有逃出泥潭，反而经过这一拽一松，又下沉了一些。眼看泥浆就要齐到胸部，一旦泥浆没了胸口，人就很难呼吸，以致死亡。就在这危急时刻，只听站在远处的张思德高声喊道："班长！班长！我想起一个好办法……"

张思德说有办法，还真有办法。当时张思德见班长拽不出小李，就想，必是班长脚下蹬不上劲。于是他忆起童年从河滩稀泥里救牛的一件事——张思德和几个小伙伴，在家乡元滩河的河边放牛。牛在河滩上吃草，小伙伴们在一起说笑玩耍。吃草的几头牛，都争着吃近水的鲜嫩野草，越吃越接近河水，越是接近河水泥就越稀。其中有一头牛，只顾伸着脖子探着头抢吃靠水近的鲜嫩青草，哪知两只前蹄已陷入稀泥中，拔不出来了。小伙伴们跑过来，合伙用力拉牛尾巴，也还是无济于事。咋办？俗话说："三个臭皮匠，赛过诸葛亮。"小伙伴们你一言他一语地商量了一个办法——到河畔扛来几根木头，排放在牛前和牛侧，大家踩着木头，腿陷不到泥里，有拉缰绳的，有拽牛角的，有拍打牛屁股的，大家齐声一吆喝，牛一拔前腿踩上了木头，摆脱了稀泥。

张思德根据这个办法，向杜泽洲献计说："班长，看来硬拉硬拽是不顶用了。我建议这样试试……"按照张思德说的，副班长和张思德分别趴在小李身体左右方的泥地上，杜班长一脚踩着副班长的屁股，一脚踩着张思德的屁股，两手抱住小李的胸部，用足了劲，他嘴里喊了个"一——二——三"，猛劲向上一抱，小李的大腿露出了泥面。

"这办法真行！"班长自言自语地说着，两条胳膊向小李腰下移了移，接着又使劲向上一抱，小李两条腿出了泥潭，被班长抱到旁边草墩子上。张思德和副班长起身各自站在草墩子上，互相一看，都变成了泥人，这时四人脸上露出了胜利的笑容。

副班长竖起带泥的大拇指说："思德的点子真多！"

张思德说："全仗班长劲头大。"

小李指着副班长和张思德说："多亏你俩当了'垫脚石'！"

班长说："大江大河我们都闯过来了，小小的泥潭挡不住我们的脚步，同志们，继续前进！"

　　四个人的身影向长长的红军队伍走去。张思德智救战友的佳话，传遍了全连各班。

参加敢死队

张思德所在的红军长征右路军,在草地泥水中经过一个星期的艰难行军,终于走出了草地。照常情说,出了草地,就应该好好休整,恢复体力,但是敌人不给红军喘息的时间。敌人为阻止红军北上,在前方一个叫作上下包座的地方集结兵力,又是挖战壕,又是设路障,又是修碉堡,对红军的北上,形成了一道堵截的火力线。更危险的是,红军身后的零散敌人,也开始集结,抢修工事,企图截断红军的退路。前后两面的敌人,对红军形成夹击之势,红军受到了严峻的威胁。

在这种形势下,红军必须全力以赴,打破敌人的封锁,冲开北上的通道,粉碎敌人的夹击之谋。徐向前做出决策,迅速展开上下包座的战役。

上下包座,是山地通道上的要塞,拿下这个要塞,就等于清除了北上道路的主要障碍。但包座不是孤立的敌人营垒，在其周围几十里之内还分布着一些敌人占据的山村山寨。在距包座二十多里处，有一个古刹叫求吉寺，这是敌人的一个兵站，内存大量的军粮和许多军用物资，有一个团的兵力驻守。求吉寺四周附近，有敌人占据的村落和小庙，构成了一张防御网。

遵照红军指挥部的部署，张思德所在的团，分工攻打盘踞在一个喇嘛庙内的敌人。这座庙，门前有敌人修的工事，庙后有高墙，庙内有制高点阁楼，是一处很难啃的硬骨头。红军指挥部在这天黄昏传来命令，要求天亮前必须拿下喇嘛庙。团长立即下令，连队做好临战准备，团里也即刻组织攻坚敢死队。

张思德在部队中，凡有艰苦、艰难、艰巨的任务，他都抢着积极参加。他这次得知团里组织敢死队，便找了连长找团长，坚决要求参加敢死队。团与连的领导，深知张思德是一名思想过硬的战士，参加敢死队的请求，很快被批准了。

为了更好地发挥敢死队的战斗力，团长对敢死队给予必要的优待。把一些较好的枪支、弹药、大刀片，集中起来配备给敢死队。把一些干粮也调配过来，让敢死队队员们在黄昏中吃了一顿饱饭。一切准备工作都做好了，战机成熟，团长下令："我带头，跟我冲！"敢死队在夜幕下，开始冲锋。

在冲锋时，张思德担任机枪手，他端着机枪，向敌人的火力点猛烈扫射，掩护敢死队员向庙门攻击。枪声、手榴弹爆炸声、敢死队的喊杀声，震天撼地。敌人占据的庙宇，在一闪一闪的火光中簌簌颤动。机枪、步枪、手枪的火舌与夜幕里的月光交相辉映,敢死队队员手中挥舞的大刀片,在火光中熠熠闪闪。

张思德抱着机枪,向庙里的敌人扫射,打得敌人死的死伤的伤,横三竖四倒了一片。制高点上的敌人火力被压下之后,敢死队大刀片在院内屋内发挥了作用,砍得敌人魂不附体,抱头鼠窜,寺庙中的三百余人守敌,全被歼灭。

在这场激烈战斗中,红军伤亡也很惨重。敢死队的队员牺牲了半数以上,张思德也负了伤。但他不顾自己的伤痛,扎着绷带,坚持和战友们一起收拾战利品。

上下包座战役,打了三天多,歼灭胡宗南的第四十九师五千多人,缴获了大量的枪支、弹药、粮食、牛羊。更重要的是扫除了红军前进的障碍。

雪山取"暖"

红军在万里长征中,不仅要跋山涉水战胜敌人的追击拦截,还要纠正军事上的错误指挥。当时身为红四方面军领导的张国焘,搞分裂主义,不想北上,经过一个多月的党内思想斗争,他才将南进改为北上。

这部分北上的红军,在徐向前的指挥下,于1936年2月下旬,制定了"康(康定县)、道(道孚县)、炉(炉霍县)战役计划"。按着这个计划,部队由南进改为北上,首先要翻越一座名叫折多山的雪山。张思德跟随部队踏上了北上的征程。

折多山位于四川省的丹巴与道孚之间,主峰五千多米,山顶常年积雪,冬季满山封雪。春寒二月翻山,正是积雪厚的季节。爬雪山本来就是一件困难的事,偏偏张思德在前段战斗中腿上负了伤。

张思德先后在战斗中负过三次伤,这次腿上负伤,给他翻越雪山造成了极大困难。所幸的是张思德意志坚强,不畏伤痛,他拄着木棍,凭着革命毅力,与战友一起盘雪路,绕雪坑,爬雪坡,攀雪崖。

翻山行军,不是逍遥游览赏景,而是靠战士们的毅力和勇气。战友们争先恐后地行进,张思德负伤吃力,他走一段,掏出衣兜里带的辣椒,咬下一点,在嘴里只嚼不咽。虽然说四川人平常爱吃辣,但是嘴里单单嚼辣椒,也辣得够呛。张思德就是利用这样的刺激来兴奋自己的神经,以坚持随军不掉队。

对张思德来说,翻雪山最困难的地方,就是攀登陡峭的山崖。战友们虽然也争相搀扶着他,但山石的积雪已成半结冰状态,手向上爬,脚向下滑。张思德一手拄着木棍,一手用刺刀在积雪上挖小小的雪坑,他用木棍支撑着伤腿,蹬着挖好的雪坑,爬上一处又一处的雪崖。

爬雪崖,是张思德因腿伤遇到的个人困难,他在雪山上还与战友们遇到了共同的困难。部队爬上雪山高处之后,夜幕降临,战士疲累,需要休息,指挥员传下命令,就地宿营。

一般说,宿营、吃饭、睡觉,这没有什么困难。但在雪山上宿营过夜,却有很大困难,一来无村无店无屋御寒;二来雪山无干柴不能生火取暖;三来高山天气变化无常,说来风雪就来风雪。事情往往是这样,越怕什么,越来什么,深更半夜,就真的来了风雪。

各连各班的战友们,共同商定了一个御寒的办法:以连为单位,战士集中一起,人与人相靠而坐,相互以身体取暖。但是坐在外围的战士就冷一些,连队是一个整体,谁冻感冒了也是连队的麻烦,于是战士们就实行轮流到外圈换位。张思德虽然拖着伤腿,也要争着去外圈换位。在寒冷面前,连队就是温暖的大家庭,战友们坚决不让张思德坐在外围。连长深知张思德是位见困难争先、有好事让人的战士,就对张思德说:"有腿,才能翻山,你若把伤腿冻坏,大家还得轮流背着你走,那就更成问题了。"于是命令:"不仅张思德本人不得到外圈换位,就是贴在他身边的同志也不得去外圈换位。"有了命令,张思德的夜间保暖也就有了保证。

后半夜,风停了,雪停了,渐渐地迎来了黎明,东方由紫变白,由白变红,太阳终于出来了。借着阳光,张思德看到山顶上,有一面飘动在淡雾中的红旗,他高兴地喊:"红旗!红旗!"连长和大家都明白了——那是先头部队插的标志,到那里就要下山了。于是,战士们加快了行进的速度,很快把雪山甩在了身后。

翻越雪山是人与大自然的斗争,下了雪山,又要与敌人斗争。下山后的两个月,红军连续攻克敌人所把守的一些城镇,从丹巴县到甘孜县一带,全被红军占领了,在这里休息、筹粮,同时也进行整编。红四方面军从南进到北上,由八万人减员到四万人,在部队整编中,张思德被调入通讯营,提任通讯班班长。

入 党

1936年11月,张思德所在部队在甘肃环县参加了"山城堡战役",一举歼灭国民党军一个旅,迫使国民党军停止了对陕甘宁革命根据地的进攻。战役结束后,张思德所在部队移师陕北保安县(今志丹县)驻扎。

张思德在长征战斗中先后负过三次伤,经过过草地、爬雪山长途跋涉,身体已经十分虚弱,组织上安排他到荣誉军人学校(简称"荣校")养伤。

荣誉军人学校,不在保安县,而在泾阳县云阳镇一个叫安吴堡的村庄里。这里收容着各部队的伤病人员,所以荣誉军人学校既是学校,也是医院。校长在给战士们讲话时,道出了荣校的主要任务:"你们的任务就是三件事——学习、休养、疗伤。你们谁恢复得好,谁恢复得快,谁就能早日回到部队去!"张思德和学员们在荣校经常唱《荣校之歌》：

> 为了革命，为了人民，
> 虽然负了伤，从不畏惧，也不悲伤，
> 流血牺牲也是荣光。
> 我们听党召唤，
> 我们心向太阳。
> 养好病，治好伤，
> 学好文化，习好本领，
> 再上战场，再上战场！

这首歌，充分表达了在校战士的志愿、理想和革命斗志。荣校党组织除了帮助伤员做疗伤康复工作，还积极组织战士学习党的有关文件。比如学习毛泽东当时新发表的《中国共产党在抗日时期的任务》《为争取千百万群众进入抗日民族统一战线而斗争》等著作。学员们读了这些著作，对中国共产党有了进一步的认识。尤其是张思德的政治觉悟有了新的提高，对革命战争有了深刻理解，对共产党的性质有了更深刻的认识，于是他向荣校党组织提交了入党申请书。

张思德在长征战斗中，是机智勇敢、不怕流血牺牲的好战士，如今面对荣校的工作，也有极大的积极性。不仅自己配合治疗，还帮助医院打扫卫生，给大家端水，照顾重伤员，有时还跑到河边洗大家换下来的绷带和衣服。张思德的工作热情、助人为乐的风格、团结同志的诚心，给战友们留下了终生难忘的记忆。兰州军区干休所的老红军杨再兴，当年曾和张思德在荣校一起度过了那段难忘的时光，他回忆起这段生活，依然感到非常亲切，十分激动。他说："张思德中等偏上的个头，长方形脸，一对浓眉，厚嘴唇，显得憨厚。虽然不太爱说话，性格却很随和，对同志很热情，特别是乐于助人。张思德虽然多次负伤，刚入校时，身体还很虚弱，但精神特别好，乐观向上。和他在一起时，总觉得他仿佛有一团火，在温暖着你，激励着你。"

1937年10月的一天，张思德，这位22岁的年轻军人，迎来了激动而庄严的时刻。在荣校的西厢房里，挂起了"镰刀铁锤"的党旗，张思德在党支部书记的领誓下，举起右手庄严宣誓：

> 我志愿加入中国共产党！坚持执行党的决议，遵守党的纪律，不怕困难，不怕牺牲，为共产主义事业奋斗到底。

张思德入党后，对自己的要求更高了。"西安事变"后，国共两党开始第二次合作，于1937年8月，将红军第一、二、四方面军和陕北红军改编为"国民革命军陆军第八路军"（简称八路军）。张思德由荣校调入陕西泾阳县八路军一一五师后方留守处警卫连一排任三班班长。

泾阳县在泾水河畔，距咸阳、西安较近，没有建立共产党的政权，县城只有国民党的县政府，还有一个国民党的保安队，社情非常复杂。因此警卫连从各班抽调党员组成一个特务班,张思德也参加了这个特务班。特务班的任务,就是夜间巡查八路军各部门人员的纪律情况。当时泾阳城里有"窑子"(妓院),这归县政府管,八路军无权取消这些窑子。泾阳设有陕甘宁边区中转站,过往的八路军人员很多。夜间分不清哪是国民党的人,哪是共产党的人,哪是商人,特务班里有的同志觉得工作难做,发牢骚。张思德说:"为了我们八路军的纪律,为了共产党的声誉,这工作难做也得做。"他自觉按党员标准要求自己,团结同志,出色地完成了特务班的巡查任务。

护送物资

第二次国共合作时期,从西安运往延安的抗战军需物资,大部分要经过八路军西安办事处中转。护送这些物资的任务,由驻泾阳县的警卫连来承担。

1938年8月初的一个早晨,张思德他们班接到连里的紧急命令,立即全副武装集合,护送运输物资的车队去延安。张思德带领全班战士,很快赶到七贤庄一号的"八路军西安办事处"。

办事处一位头发半白的老首长,向张思德全班交代了具体护送的任务和要求,说这是给党中央送的重要物资,务必保证安全运到延安。然后特意讲了《水浒传》上杨志押运生辰纲被吴用设计劫走的故事。老首长说:"杨志押运的生辰纲是地主老财的不义之财,该劫!可是我们这次押运的物资是人民的'生辰纲',是八路军的'救命纲',一定不能出闪失!"

张思德班共有十一人，护运的卡车共有十辆。张思德在每辆车上安排了一名战士，自己和一名战士在最后一辆车上。车队启程上路，张思德和战士坐在车上，边前进边想：延安是党中央、毛主席所在的地方，借这次机会，可以看到向往已久的延安城了，想到这些，战士的心情特别激动。但是作为班长的张思德，却另有一番重任在肩的心事。

由西安去延安，要经过铜川、黄陵、洛川、富县、甘泉等县市境内。秦始皇时期曾下令修了一条从咸阳经延安至九原（今内蒙古包头西北）的"直道"。后来遂成为陕北高原上的一条古道，西汉王昭君出塞，走的就是这条古道。在这条古道上，商人的驼队、马帮来往如流，因此也就成了山匪的财源之路。直到抗日战争年代，这里依然有劫匪出没。一次，周恩来副主席由延安去西安开会，就曾在这条路上遭遇过劫匪的袭扰。张思德作为班长带着一班战士护送十车物资，路上当然得警惕万分，不敢疏忽。

这次护送中途，首先遭遇的对手倒不是山匪，而是"老天爷"。车队在傍晚时分，进入了黄陵县境内。这里有一条向南流淌的洛河，河两边山高、坡陡、路窄，汽车沿着盘山路缓慢行进。就在这山路上，老天爷给出了难题：乌云翻滚，雷声隆隆，一场不速之雨，噼里啪啦地下了起来。一时间，山上泥流滚滚，视野茫茫，车队行进困难。这一带正处在西安与延安的半路上，退不可，进亦不可，只得就地停了下来。

张思德见车队在山路上前后拉开了一里长，他想让司机们把车开得间距近一点，便于做保卫工作。哪知开汽车的司机们不是八路军的司机，大部分是从社会上花钱雇佣的闲散司机，其中还不得已雇了一位国民党军队的司机。这些司机停车后，不愿按着张思德的要求去做，仍旧保持着长长的队形。司机不听张思德指挥，但本班战士都按张思德的安排办事。他召集战士，首先对车轮进行加固，防止溜坡，他们搬来石头，把车轮牢牢卡住，然后，张思德给战士们开会。他说："车队停在前不着村后不靠店的山区，前后又拉了这么长，必须严加警戒，防止劫匪趁机打劫。"张思德布置了哨位，安排了替班顺序。这一夜，张思德不断地巡查各个哨位，检查各个车辆。怕哨兵疲倦睡着了，张思德就不时地跟他们说说话，叫叫他们的名字。

深夜，大雨停了，张思德的身上早已湿透了。山风一吹，感到透心冰凉！张思德的腿负过伤，在这又湿又冷的山路上开始疼痛起来。可他顾不了这些，继续认真地履行着巡查的职责。夜色漆黑，山道经大雨冲刷，变得泥泞不堪，十分湿滑。张思德在各个哨位之间走来走去，滑倒了，他就再爬起来，继续前行。这一夜，他不知滑倒了多少次。

天渐渐亮了，一夜无事，车队平安。这时，战士们看到他们的张班长，脸上、满身都是泥，一说话，显得牙齿分外的白。

"班长……"战士们的话，哽咽在喉咙里，感动得说不下去。

看着成为泥人的张思德，那些司机羞愧地低下了头，有的悄悄地说，共产党有这样的人，一定会胜利。

清晨，车队继续前进，终于把十车物资安全地送到了延安……

借毛驴

1939年秋,为了避开与国民党顽固派的摩擦,减少麻烦,八路军留守处和荣誉军人学校决定撤出泾阳,向北面的旬邑县方向转移。

这是两个机关的大搬家,行动起来既烦琐又缓慢,一路上遇到不少困难。由于国民党反动派通过他们的地方政权长期搞反共宣传,说共产党"共产共妻",是"共匪",不是正式军队,使不明真相的老百姓对八路军有恐惧心理。搬迁队有时走到一个村子,需要宿营,可老百姓却把门锁上,人跑光了。碰到这种情况,警卫连就需要出面调解,找到老乡,向他们做宣传解释,动员他们回来,支持伤病员住宿。如果找不到当地群众,大家就只好露天宿营。

对于国民党反动派搞的这一套,我军领导早已心中有数,所以常常教育战士们：遇到麻烦，不要与群众闹对立，要多做宣传解释工作，要宣传八路军是老百姓的队伍，宣传大家团结抗日的道理，宣传我党我军的政策和纪律，把群众争取到我们这边来。

做群众工作可不简单，有的战士早就不耐烦了，张思德却做得十分耐心，非常认真。在机关北迁的路上，张思德不知苦口婆心地说了多少话。遇到群众不理解、不接受，甚至七嘴八舌说风凉话的时候，他也不着急，不发火，对群众和蔼地谈，耐心地讲。由于说话太多，张思德的嘴上起了一大片燎泡。

张思德的群众工作做出了成效，为机关转移解决了不少困难。比如借毛驴，就是张思德的"一绝"。

那时，在行军中，荣校有些伤病员需要担架抬，或骑毛驴。而老百姓的毛驴很不好借。毛驴，是当地老百姓的主要脚力，是一个家庭的大宗财产，一般人家不愿出借。毛驴若是借出，主人要跟着走，到了目的地，再把毛驴赶回家。有些老百姓不了解八路军，怕毛驴和人一去不复返，怕抓了壮丁，所以不愿借。还有的老百姓，怕借给八路军毛驴后，遭到国民党反动派的报复，招来祸害。总之，借毛驴是相当费力的事情，从领导到战士，都觉得难办。为保证借到一定数量的毛驴，就实行了大家的事情大家办的"承包制"：把借驴的任务分解到班组，每个班都有借几头毛驴的指标，且不能违反群众纪律。

各班承包借驴数量以后，有的班有时完不成任务，可张思德每次都能借回一头毛驴来。有一回，队伍正准备出发，可去借毛驴的张思德还没有回来，领导很着急，担心出了什么问题。同志们都猜测，莫非这次，张思德也要空手而归了？等了又等，连长决定派人去找他，正在这时，望见张思德远远地牵着一头驴从山梁上走了过来，在他的身后，还跟着一个干瘦的老头。

来到连长跟前，张思德介绍说："连长，这是刘大爷，他借给咱们一头驴。"

还没等连长说话，刘大爷就凑上来说："长官，我愿意给你们当差，愿意给你们当差啊。"

连长听得莫名其妙，连忙安慰了老大爷两句，就拉着张思德到一边去问情况。原来，这位刘大爷长期听国民党反动派的反共宣传，怕吃了共产党八路军的亏。听说八路军路过他们村子，他就牵着自家的毛驴躲到树林里去了，被张思德找到了，他胆子小，不愿意赶驴送八路军伤员。张思德就跟他讲共产党的政策、八路军的纪律，慢慢打消他的顾虑，说服他赶着毛驴过来。张思德看到刘大爷没有穿鞋，就把自己的鞋让给了他穿。

那一天，张思德光着脚走路。在路上，大家和刘大爷聊天，才知道老人家是孤身一人过日子。到了宿营地后，有的战士跟张思德建议，这个刘大爷没有家室拖累，人又老实，是不是再让他送一程，省得再找别人借驴。

张思德说："我们不能这么办，已经说好送一程，我们不能失信啊！"

到了一个可以宿营的村庄，队伍安置好后，张思德和连长谢过了这位刘大爷，就让他牵着毛驴回家了。

张思德和副班长

1940年春,张思德所在的留守处警卫连从下寺湾迁往延安。张思德被分配到中央军委警卫营,任营部通讯班班长。不久,原中央军委警卫营四连的战士陈耀,调往通讯班任副班长,做张思德的副手。

陈耀虽文化程度不高,但政治觉悟高、工作热情高。临上任前,营教导员淳杰向陈耀交底说:"通讯班的班长张思德,是位参加过长征的同志,他对自己要求很严,对班上的工作也要求很严,他善于团结战士,善于调动战士们的工作积极性。你去了通讯班之后,要虚心向他学习,两人团结一致,把通讯班的工作搞得更出色。"

陈耀高兴地敬了一个礼说:"是!请教导员放心,一定向张思德同志学习!"

张思德接到指示，知道调陈耀来通讯班工作，心中十分高兴，觉得有了一位副班长，就是有了一个膀子，遇事有人商量，工作忙起来有人分担，会把班的工作做得更好。

陈耀走马上任，一路进班的驻地，就受到了通讯班战士的列队鼓掌欢迎，张思德先抢过他的背包，替他背着，然后在张思德的引领和一片掌声中，走进了通讯班的驻处农家小院。陈耀的第一感觉是：通讯班真热情，真温暖。

第二天是周日，天气很好，晴空万里，春风丝丝。午饭后，张思德叫陈耀到村边树林去散步。其实张思德是想通过散步闲聊，了解一下陈耀来通讯班有什么想法。在闲聊中，张思德摸到了陈耀有两个"活思想"：一是觉得自己出身穷家，没上过学，文化太低，担心影响班的工作；二是来到了一个新岗位，怕"前三脚踢不开"，打不开局面，影响自己的威信。张思德对陈耀的这两个"活思想"，首先觉得这是真实的，但也同时觉得这是可以解决的。他觉得，一个同志要提高文化水平，不是一朝一夕就能"读破万卷书"的，这需要时间，需要恒心，需要耐力，更需要信心和决心。

张思德是个爽快人，他觉得陈耀既然有学习文化的强烈愿望，那就应该勇敢地向前迈一步，树立起信心。于是张思德鼓励陈耀说："文化低不要紧，只要肯学就行。"

陈耀说："我连自己的名字都不会写，汉字这么多，从哪里学起？"

张思德说："打仗时，面对很多敌人，先打离你最近的，再打离你远一些的。"张思德一边说着,一边弯腰从脚下拣起一根半尺长的干树枝,用脚在地上扫了两下地皮,露出了一块像沙盘一样的新土,和陈耀同方向蹲下,用干树枝在地上写了一个比盘子还大的"耀"字。张思德说:"打一个战役,不是一口吞下敌人,是分块分段,一部分一部分地吃掉。你这个'耀'字,是由三大块拼到一起的——把它拆开,左边是个'光'字,右上方,是关羽的'羽'字,右下方,是佳节的'佳'字。"张思德接着说,"一个'耀'字,整体看起来,很难写,可是拆开……"

"我明白了。"陈耀抢过张思德的话头,眉开眼笑地说:"这'耀'字乍一看很杂乱,若拆成三大块,每块写起来就比较简单了。"

张思德高兴地拍了陈耀肩头一下:"你有这份领悟力,啥字也难不倒你!"

今天二人的谈心很成功,陈耀有了学习信心,他心头的第一件事就算解决了。那第二件打开工作局面的事,在张思德看来,更不在话下。

通讯班十名战士,加上正副班长共十二人,但调来副班长后,上级暂时还未补发被子。晚上,张思德就和陈耀两个人盖着一床被子睡觉。这天清晨,还未吹起床号,张思德被房前一阵马蹄声震醒。这马蹄声他很熟悉,知道这是营长骑的那匹枣红大马,他听到马蹄声,猜想营长可能有事,想悄悄起身去看看。因为两个人盖一床被,张思德一动,陈耀也醒了:"班长,你……"

陈耀想问"班长,你干什么去?"张思德摆手轻轻"嘘"了一声,又凑近陈耀的耳朵,像吹气一样地说:"别惊动班里的同志,让战士们多睡一会儿，外边有马蹄声，必是营长有事情。"

陈耀一边点头一边小声说："咱俩一起去。"

张思德觉得让陈耀多参与一些工作，既可使他很快了解班内班外的情况，又可提高他的威信，就点头示意可以一起行动。他俩来到饲养班门外，见那匹枣红马拴在了枣树上，走近一看，马背上有汗。张思德对陈耀说："准是营长去延安开会回来了。他赶夜路回来，一定是有急事，说不定等到吹了起床号，就要集合传达精神，走，咱俩给营长遛遛马去。"

马如果跑得出了汗，立即拴住不动，这样马会容易感冒生病，这是常识，谁都知道。可是为什么就无人管这马呢？正纳闷，营长一拐墙角过来了："我已敲了饲养班的后窗户，他们知道遛马的事情了。"营长说罢就走了。

张思德和陈耀正在村边干河滩上遛马，饲养班的班长跑了过来说："急我一头汗，我起来找营长的马，不见了，原来你们……"

"什么你们、我们，咱们营的事，大伙不分你的我的，谁抢到手谁干。"张思德说到这里，陈耀接过话头又说："我们通讯班的事，也会请你们饲养班帮忙。"饲养班的班长说："你们班算有福气，又添一位工作能手。"

从这次遛马开始，张思德和陈耀连连帮助其他班做一些力所能及的事情。帮助饲养班锄草、垫圈，帮助炊事班劈柴、挑水。

一天，陈耀见炊事班的哑巴炊事员老王正在劈榆木疙瘩，因腿脚不太灵便，很吃力。陈耀打着手势，把老王扶过来，让他坐到一个树墩子上，陈耀把自己的军裤一脱，抡起斧头，一会儿就劈好了。陈耀刚离开，炊事班其他战士回来了，老王指着陈耀的背影，挑着大拇指，比比画画。大家都明白，老王是在表扬陈耀这位副班长。

张思德和陈耀的工作表现被汇报到营部。营长在连、排、班干部会上，表扬了张思德和陈耀传帮带的工作作风，也表扬了陈耀的积极表现，营长说："哑巴都'说'了话——给陈耀同志挑了大拇指，只要再接再厉，一定会做好班上的工作。"

这次会上陈耀受到了营长表扬，非常高兴，更重要的是，他领悟到张思德"传帮带"的工作艺术，他觉得张思德是班长、是大哥、是同志，也是老师，和这样的人在一起工作，那真是太幸运了。

要关御敌

1940年初夏,有一天天还黑着,中央军委警卫营部队紧急集合,即刻出发。原来,上级接到情报,国民党反动派有意袭击延安。上级命令警卫营开赴姚店子一带布防御敌。

姚店子,是延安东北方向的一个小镇,距离延安几十里远。这里两边是高山,中间有延河流过,地形险要,堪称延安东北的门户。

警卫营全副武装,急行军前进,一路上,张思德不断帮助同志。有的战士落在队伍后面了,张思德就帮他背枪,鼓励他跟上。一会儿又帮别的战士背干粮袋。部队行军途中要过丰富川、蟠龙川、延惠渠等,需要涉水过河,班里有位战士,脚给磨破了,张思德怕他蹚水脚疼,就背着他过河。

接近晌午,部队到达了姚店子。一到宿营地,张思德放下枪和背包，便提起水桶为同志们打来洗脸水，接着，他又拿起扫帚扫窑洞。班里的事安置完了，张思德又帮炊事班烧水做饭去了。

饭后，召开了班务会。张思德传达了首长的命令，做了战斗动员，他对战士们讲："国民党反动派要窜犯延安，我们营就在这里给他们个迎头痛击。来多少，就消灭他多少，绝不能让他们前进一步！我们要坚决保卫党中央和毛主席！"战士们听完，群情激昂，对国民党反动派的阴险行径非常气愤，纷纷表态，一定要给来犯之敌以致命打击。看到战士们摩拳擦掌，士气高昂，张思德诙谐地说："这回敌人把武器送上门来，咱们一定收下，好好补充补充。"听完大家都笑了。

下午，战士们上山修筑工事。山坡上灌木丛生，地下全是胶泥和卵石，用铁锹挖起来非常吃力。用镐头刨，一镐下去，也只刨进一寸多深。战士们一股劲地挖，谁也不肯休息，进度很快。在通讯班里，班长张思德比任何人挖得都快。他挖完了自己的工事，不顾手已磨出的血泡，还帮助别人挖。挖的时候，他还提醒班里的战士，不要损坏了老乡的庄稼。

收工了，战士们扛着工具返回营地。张思德沿途拾了不少柴火，回来后交给炊事班。

不几天，姚店子的高山上、大路上，就挖筑好了许多工事。这些阵地沉默着，仿佛在等待埋葬来犯之敌。

工事修好了，警卫营一边派人侦察敌人的行动，一边开展练兵训练。警卫营战士的装备是：每人一支三八式步枪或自造的金钩儿步枪、一把大刀、三颗手榴弹。战士们每天操练劈刀、刺杀、投弹、射击。

陕北的初夏，一早一晚还算清凉，等到太阳升高了，天气便燥热起来。通讯班在张思德的带领下，专心按照上级的规定苦练杀敌本领，练得汗流浃背，还不肯罢休。张思德不但苦练在前，还指导班内战士认真操练。他总是耐心地讲道理，手把手地做示范。有的新战士射击瞄准时闭不上左眼，他让战士左眼上贴片树叶，并且鼓励他们说："回去坚持练，慢慢习惯了，就能闭上左眼了。"

到了晚上，是演习的时间。张思德领着通讯班战士认真演习。他经常提醒战士，要带着敌情观念演习，战时才不出差错，仗才打得赢。张思德是久经沙场、经验丰富的老红军了，他随时把他的实战经验，比如怎样做好伪装、怎样隐蔽自己等，传授给战士们。通过演习和张思德的传授，战士们心里感到有底气了。

有空的时候，张思德就擦拭武器，他总是很爱护自己的武器。在他的带动下，通讯班的战士都把枪支保养得很好。

中央军委警卫营是一支富有战斗力的部队，是一支团结如铁的部队，是一支训练有素的部队。欲来进犯的敌人，探知是中央军委警卫营在此把守，害怕与这样的部队相碰，没敢进犯姚店子，便像乌龟似的缩了回去。不久，张思德和战友们胜利地返回了延安。

送信路上的智慧

张思德以前当过通讯班的战士,也当过通讯班的班长。通讯班的任务是传达命令和送交信件。他在当通讯战士时,总是抢着送递有危险的信件;当通讯班长时,就亲自送递最紧迫、最机密的信件。他送信有爬山的时候,有涉水的时候,有抄小路走捷径的时候。送信路上,有平平顺顺的时候,有困难当头的时候,还有十分惊险的时候。张思德在处理送信路上遇到的问题时,多数时候是以智慧取胜。

有一次,营长匆匆来到通讯班,说有重要急件,立即送到延安王家坪八路军总部作战室。张思德考虑营长亲自来向通讯班交代送信的任务,这必是有关战事的重要密信,这可不能当一般信件去送,于是他与副班长说,这信由我去送。

通讯班的战士也好、副班长也好,都是送信积极分子,越是重要信件，大家越是争先恐后抢着送。这一次听说向作战室送急件，大家更是争着抢着去完成这项光荣任务。最后，张思德说服大家，决定自己去送信。所谓说服，大家也是真服：张思德自童年就在大山里翻山越岭，后来参军又爬过雪山走过草地，是有名的"铁脚板""飞毛腿"。尤其是穿越敌人封锁线去传达战斗命令，那更是凭着智勇双全去完成任务。为确保这次把信万无一失地送到作战室，大家也就被他说服了。

无巧不成书。张思德在这次送信路上，还真碰到了麻烦——大约走了一半路程，天色忽然大变，随着一阵疾风吹过，浓浓的黑云迅速由天边压上了头顶，只见低空一道刺眼的闪电，随即暴雷震耳，接着，大个雨点洒落下来。当时军队里，既无雨衣又无雨伞，行军时如果遇上大雨，首长和战士都淋得像刚从水里捞出来的一样。这次张思德遇上雨，也必将浑身湿透，那信也不会幸免。就在这时，张思德灵机一动，脱下两只鞋，把信迅速填在鞋里，将两只鞋一合，让鞋底朝外，又在路边拽下几个蓖麻叶，包了两层。然后紧紧夹在胳肢窝里，光着脚板向前赶路。

雨越下越急，雨水冲得小石子在路上乱滚，水也浑，泥也稀，根本分不清哪里有石子，张思德赤脚走着走着，脚板突然一阵钻心痛，抬脚一看，脚板被血染成了红色。他一瘸一拐地坚持到了延安作战室。

接收信的同志见他浑身淋湿，又用鞋保护了信件，连声说你真是一位机智的好同志。张思德说有任务就得确保胜利完成，他扭身就要回程，那接信的人低头一看，张思德的脚印是红的，赶忙叫住他，说："你可不能回去！"说着搀起张思德走向了医务室……

张思德完成这次送信任务回来，脑子里一直在想：雪天、风天去送信，虽艰苦一些，但对信没有损坏的危险，如果碰上雨天，光用鞋护信也不是一个好办法。于是，他把战士们叫在一起，发动大家以"雨天送信不湿信"为专题，集思广益讨论办法。班长的领导才能，引爆了战士们的智慧火花，你提一条，他提一件，大家开动脑筋，各献计策，共提出了五条办法：一是用羊皮缝烟荷包式的小口袋，把信装进去，扎紧口，让口朝下，掖在腰带上。二是把信件装在小葫芦里。三是把信件装在小瓷瓶里。四是把信件装到竹管里。五是把信包在油布里。

张思德觉得这些办法在一定条件下都可行，都比放到鞋里好些，但是也都不十全十美。因为瓷瓶子，体积大，带在身上有些显眼，不利防特，还有雨路跌跤摔破瓶子的危险；竹管里装信，管口不易封严；葫芦装信，体积偏大，不易携带。张思德从羊皮口袋和油布上受到启发，他想起了猪尿脬。他把这事一提，战士们都说这办法更好：猪尿脬既没有什么重量，也没有摔损危险，不仅可以防雨，还可以过河防水，即便遇上特情或与敌人交火，也便于携带或埋藏。经过这次讨论，送信防雨的问题解决了。

苦干巧干烧炭忙

1940年7月,陕北高原的天气进入夏季,但是这一天,下了一场小雨,又吹起不大不小的北风,人们感到凉爽舒适。张思德吃罢早饭,正在盆中洗碗,扭头一看,中央军委警卫营的营长来了。张思德擦了擦手上的水,迎上去行了一个军礼:"首长有啥指示?"

营长说:"今天还真有指示。"营长接着讲了上级增加木炭生产的计划。根据这一计划,警卫营决定:从各班抽调十一个人,组成烧炭班,由张思德任班长,带领全班完成八万斤的木炭任务。

张思德是有名的听从命令执行任务的好战士,当即抬手敬礼说:"是!保证完成任务!"

张思德过去曾经烧过炭,初步掌握了一些烧炭技术,但抽调来的其他战士都是新手。所幸的是,八路军战士都有直面困难、勇于承担的好作风，都能"干中学，学中干"，就这样，烧炭班走出延安城，进了土黄沟。

张思德很会做思想政治工作，他的经验是：要发挥一班人的战斗力，必须有一个核心力量做支点，于是他把班内党员战士，组成临时党小组。先开了一个党小组会，又开了一个全班的班务会。在会上，摆出上级下达的烧炭任务，讲了完成任务的有利条件和不利因素，提出了战斗口号："任务是堡垒，烧炭是战斗，苦干加巧干，胜利在前头！"

经过动员、讨论，战士们的心凝结在了一起。新凑在一起的这些战士，都觉得张思德这位班长全局意识强、分析能力强、工作能力强，跟着这样的班长烧炭，一定能完成任务。就这样，形成了一个新的战斗集体，为烧炭工作开了一个好头。

战士们的思想工作做好了，又开始做战斗力的组织工作。张思德把战士分为两组，第一组，负责打七个窑；第二组，负责砍树运树。每组都选出组长，各组明确了任务，说干就干了起来。

张思德是位细心的人，他知道，虽然把自己知道的打窑技术、砍树技术，都给战士讲过了，但实际操作起来，还是会遇上各种问题，所以他就到打窑、砍树现场轮流指导。

他到砍树的小组里，和战士一同砍树。张思德一天能砍二十来棵青冈树，而别的战士一天只能砍十几棵。有一次，砍树组的组长对张思德说："我怎么不如你砍得多，你看我砍树有什么问题？"张思德想了想说："我比你个头大，力气大，砍的树也就多，你再练些天，会砍得更多些。至于问题，倒是有一点——第一是你留的树桩高了一点,这样浪费木材,再砍时,应贴着地面下斧子。再一个是,你们砍的青冈木中,有小树,砍了小树太可惜,要砍又粗又高的大树。你检查一下,若别的战士留的树桩也偏高,也砍了小树,你开个小组会,让大家注意一下。"张思德很重视小组长的权力和责任,会调动小组长的领导积极性,所以小组长很重视他的意见,也很支持他的工作,这样使许多工作能顺利进行。

张思德除了到砍树小组指导工作外,还到烧窑小组帮助解决遇到的问题。张思德在烧窑组,首先是自己抢着干重活、累活和脏活,一窑炭烧好之后,就需要争分夺秒地出窑。因为窑内温度很高,如果出窑慢了,打开窑一进空气,窑中热炭就有着火的危险,所以出窑时,张思德每次都是第一个抢着进入窑中往外运炭。他从窑中递出来的木炭,有的还冒着火星,很烫手,烟灰也呛得人喘不过气来。他就忍着闷热,眯住眼睛,滴着汗水,直到把整窑炭出完。

有一次,他打开封了火的窑一看,火候不到,形成了"羊角把儿"。也就是说,炭的火候欠佳,炭质不好。烧炭的战士见这种情况,闷闷不乐,埋怨自己烧得不好,等着班长批评。张思德没有立即训斥烧炭的战友,而是心平气和地说:"咱们开个战地小组会,分析一下形成'羊角把儿'的原因。"大家席地而坐,张思德谁也不批评,首先给大家讲了一则简短的寓言故事:"说一个汉子连吃了三个馒头,但还觉得肚子不饱。他又吃了第四个馒头,这才觉得没有了饿意。这位汉子却生了后悔之心,他叹道:早知如此,前三个馒头就不该吃它。"

这则寓言蕴含着一条哲理：一项工作的成功，有着前因后果的关系，没有前面的基础和代价，就不会有后面的成功。他生动形象地讲了"失败是成功之母"的道理。他还说，过去在家乡学烧炭，要学一年才能出师。我们和敌人赛跑，拖不起一年的持久战，就得"先上马后备鞍"，大家说来烧炭，就开窑点火，这就是从作战中学作战，出点儿问题是难免的，我们能总结经验教训，就能烧出好炭来。接着他讲了几个技术上的要点，张思德始终没有批评战士，他的一席话，把大家心头的压力变成了动力。之后，大家过了技术关，再也没出"羊角把儿"炭，烧窑的小组走上了成功之路。

张思德在一手指导砍树一手指点烧窑的同时，还时刻关心战友们的生活。有一天，张思德发现学生出身的战士小张情绪不高，就问他怎么了。小张说："我砍的树少，又扛不动粗的树，总落在大伙后头，心里很不舒服。"张思德听了以后对他说："没关系，明天你拣细一点的树砍，又好砍又好扛。咱们只要按照自己的体力努力干就行了，不要勉强，也不要不好意思。体力是逐渐锻炼出来的。"听到班长这样说，小张脸上的愁容渐渐舒展开了一些。张思德又说："目前，咱们的宣传工作还需要加强，你文化程度比大家高，是咱们班里的秀才，你可以做一些宣传鼓动工作，比如，给大家写点鼓劲的口号什么的。"小张一听，这正是自己的长处，浑身的干劲就像海绵吸了水一样，涨了起来。

第二天，小张把做饭的大铁锅翻过来，用木片把锅底的黑烟子刮在小筒里，倒上水，用木棍搅了一会儿，就成了自制的"墨汁"。又用茅草做了一支大笔,在路旁山崖石径一些醒目的地方,刷上了一条条标语口号:"自己动手,丰衣足食!烧炭班,英雄汉,坚决拿下八万炭!打破敌人封锁,保证物资供应!"

　　小张还用木棍,截成象棋子的"将""士""相""车""马""炮"……供大家休息时娱乐用。从此,工地的文娱活动活跃了起来。烧炭班的生活,在大干、巧干、繁忙而又愉快的氛围中度过,时到秋季,超额完成了上级下达的烧炭任务,烧炭班受到了上级组织的表彰。

在南泥湾的日子里

红色经典歌曲《南泥湾》中，有这样几句歌词：

> 往年的南泥湾
> 处处呀是荒山
> 没呀人烟

这几句歌词道出了南泥湾的一段历史。

南泥湾位于延安市东南40多公里处，地处云岩河上游，这里三川交汇，原是水源充足、土地肥沃、林木茂盛、人烟稠密、生产发达的地方。由于清朝统治者挑起了一场民族纠纷，双方互相残杀，使这里变成了人去村废、野荒山荒"没人烟"的地区。直到20世纪40年代初，南泥湾才迎来自己的沧桑机遇。

1941年，敌人对陕甘宁边区实行经济封锁。毛主席提出"自己动手，丰衣足食"的口号，在解放区展开了大生产运动。八路军一二〇师三五九旅响应党中央的号召，进入南泥湾，开荒生产。紧跟着，中央军委警卫营部分指战员也到南泥湾开垦荒地，时任警卫营通讯班班长的张思德也带着本班战士来到了南泥湾。

　　在南湾泥开荒生产的日子里，张思德干得真是出色。

　　通讯班刚开进南泥湾时，没有房屋可住，张思德带领全班战士，到树林里砍来树枝搭起"A"形三角棚，用细软的枝条绑成扫帚，棚子内外打扫干净，棚子里铺上割来的茅草，被褥放在茅草上，这就有了"战地之家"。但是搭的棚子，只遮阳，不挡雨。俗话说："宜未雨而绸缪，毋临渴而掘井。"张思德心里明白这一点，便在黄土崖上找到一个不大的洞穴，叫来几个战士挖了挖，割了一些茅草晒干后铺上，大家给这个土洞起了一个雅号，叫"避雨别墅"。

　　正是这个"别墅"，发挥了意想不到的作用。一天黎明时分，张思德和战友们睡得正香，忽然一声雷响，接着大雨点打得窝棚唰唰响，不一会儿就开始滴答滴答地漏雨了。张思德说："咱们战略转移！"战友们卷起被褥，钻进了土洞。虽然洞穴很小，全班不能都躺下睡觉，但也算躲避了一场雨淋。

　　黄土高原上一阵云彩一阵雨，过了一会儿云散天晴了，东方出现了红彤彤的朝阳。一位战士对张思德说："老天爷欺咱立足未稳，驾着云彩来轰炸咱们，我看咱们得有长期备战思想。"张思德说："对！咱们想到一起了，今天留下两个同志，把土洞挖成窑洞，要让这临时'别墅'变成长期'住宅'。"他们这样说也这样做了。

张思德与战士们有了立足之地，接下来就是开展刨地竞赛。他们的口号是"快开荒，多收粮，气死敌人白眼狼"。战士们甩开膀子，刨荆棘，割野草，翻土地，筑阡陌，干得欢畅，赛得热闹。口渴了，啃野梨，嚼酸枣；手震痛了，磨破了，包扎包扎，轻伤不下火线。班里有位战士大李，个高，膀宽，腰圆，力大，战士们开玩笑叫他"花和尚鲁智深"，割荆刨地，正好发挥了他的优势。他大镐一抡，胳膊根子鼓着疙瘩，比谁干得都快。张思德很会做思想工作，他把大李树为班里的开荒标兵，开班会表扬，提出全班向他学习，并把他的事迹向连里汇报。这样一来，全班展开了你追我赶的开荒竞赛活动，使开荒生产和政治思想工作紧密结合，出现了生动活泼的开荒局面。

张思德不仅鼓励大家向大李学习，自己也在学习大李，实干苦干。在分镐时，总是先让战士们挑好用的，自己用镐把粗的、不光滑的。镐把不光滑，磨手磨得厉害，手痛了，他一声不吭地坚持刨地。这天中午，炊事员送来了饭，战士们又累又饿，一喊开饭，老虎扑羊。大家把筷子拿完了，张思德发现少了一双。他找来两根细树枝，折了折，剥了皮，用它扒饭。饭后，炊事员发现，树枝筷子上有红红的血迹，他一愣，然后举起这双树枝筷子问："这是谁用的筷子？"

张思德说："我用的。"

"好你个大班长！"炊事员举着筷子对战士们说，"你们的班长，手上磨出血来也不吭声。"他这么一说，战士们都围过来看张思德的手，不看不知道，一看吓一跳，张思德右手的拇指根部都磨破了。有的战士说："班长咱俩换镐吧，我的镐把光滑好用。"有的战士说："班长，你下午捆捆刨下来的荆条，清理清理草墩就行了，别再抡镐啦。"

张思德说："哪有轻伤下火线的事，抡起镐来，也就不觉得疼了。"炊事员什么也没说，扭过头去，抹了抹红红的眼圈。在南泥湾开荒的日子里，张思德带领全班战士，同三五九旅一起，与天斗，与地斗，与困难斗，把荒山野滩变成"米粮川"，把南泥湾变成了"陕北的好江南"！

学纺线

一年一度的春风吹过延安，柳在春风里绿，花在春风里红，陕甘宁边区的农民在春风里送肥、耕田、播种，山村窑洞内外的姑娘、媳妇在春风里纺线、织布、做鞋、缝衣。如果说这些是大家司空见惯的景象，那么当时的中央直属机关干部坐在延安枣园广场上，开展纺线能手比赛，这恐怕是件新鲜的事情，甚至想也想不到的事情，但这确是革命的历史事实。至今，在延安枣园周恩来总理当年住过的窑洞里，还陈列着他纺线用的那架纺车。周恩来不仅参加了这次纺线竞赛，而且还获得了"纺线能手"的称号，受到了物质奖励。张思德受到了这种氛围的感染，为参加各种各样的生产奠定了信心和决心。

很快，张思德的通讯班接到了纺线和捻羊毛的生产任务。张思德自己也和纺车交上了"朋友"。

说到纺线织布这种活,按着农村的常理常情,都是由大姑娘、小媳妇、老太太来做,这就是习惯上的"男耕女织"。但是当时的延安,就必须由战士自耕自纺。为什么?张思德在通讯班布置纺线和捻羊毛任务时,生动地讲了缘由。张思德在班务会上说:"我们作为战士,接受了纺线任务,就得完成。我自己也不会纺线,我知道大伙也都不会纺线。不会怎么办?一个字:'学!'不学行不行?不行。为什么不行?"张思德说:"大家都知道,蒋介石封锁咱们陕甘宁边区的经济,是要困死饿死我们八路军。同时,咱们边区军政人员大大增加,使得老百姓的纳税纳粮也在增加。"张思德扳起手指头说:"抗战初期,边区百姓的爱国公粮只纳1万石;1939年增到5万石;1940年增到9万石;1941年增到20万石。老百姓承受不了。"接着,张思德给战士们讲了一件老百姓骂街的事情——清涧县有一位寡妇,拉扯着三个小孩和一位瘫痪的婆母过日子,乡、村干部去强行征粮,她无粮可交,被逼无奈,就骂了共产党和毛主席,当时被保安人员抓起来,准备严惩。毛主席知道后,让保安处的同志把那位村妇带来问问情况。村妇见到毛主席,内疚地说:"是俺不对,俺不该骂政府骂你,俺犯了大罪。"她说着双腿一跪,"枪毙俺吧!"毛主席赶紧扶起她,让她坐下,还给她几个大枣吃,说:"别害怕,别难过,请你来是拉拉家常,了解了解群众纳粮的实际情况。"那位村妇讲了当地干部强行征粮的情况,毛主席听了以后,叫来有关负责人,指示说,这位妇女,是讲真话的好人,带上公文,护送她回家,告诉清涧县政府,对这样困难的人家,实行特殊照顾……

说到这里，张思德提高了嗓门，对全班战士讲："所以毛主席提出'自己动手，丰衣足食'的口号。党中央号召我们大生产，光'足食'还不够，同时还必须'丰衣'。要'丰衣'，我们就得自己动手纺线、捻羊毛，这样才能有布做军装和被褥。"他大声问，"大家有没有信心完成纺线任务？"

大家异口同声地回答："有！"

这次动员会，激发了全班学习纺线的决心。

决心，仅是思想保证，学习纺线还需要过技术关。开始，张思德抻不出线头来，把棉条拧了"麻花"，过了半天，出了线头，但线的粗细不均，不过总算可以出线了。

张思德是个机灵人，不几天就过了纺线技术关。可战士大李就不行了，论干粗活重活谁都比不过他，一干这绵绵软软轻轻柔柔的活，他浑身力气使不上，急得直倒吸凉气，又搓掌，又跺脚，又冒大汗。

有的战士调侃大李说："大李呀，你不是能'倒拔垂杨柳'吗，怎么连根细细的棉线也抻不出来？"大李只好摇头苦笑。

开玩笑归开玩笑，认真教的还在认真教，认真学的仍在认真学。张思德组织了一次帮学大会战：他把几位学得快的战士叫到大李身边，说这纺线就是一场战役，谁有什么体会，谁有什么妙法，都给大李说说。大家你一言我一语，手把手地教了一番，嘿，你别说，大李在这场会战中，还真找到了突破口。

就这样，通讯班的战士很快都过了纺线技术关。张思德带领的通讯班，是有战斗力的班，突破第一道防线后，他们班的纺线数量、质量，直线上升，受到了上级表扬。张思德本人，由于善做纺线的组织动员工作，也被评为大生产中的劳动模范，上级奖励给他一个笔记本。全班战士为有这样的好班长而感到自豪。

张思德翻开笔记本第一页，写了四句话：

前方流血
后方流汗
为了革命
大搞生产

军民鱼水情

当年的红军、八路军,多是由农村的贫农和中农阶层的子弟组成,广大贫苦百姓对红军、八路军具有深厚的感情,而部队的战士,也视老百姓为父母亲人,所以红军、八路军被称为"子弟兵"。子弟兵打仗,老百姓随军去抬担架,子弟兵"挂彩",住在老百姓家里养伤;部队行军,夜宿百姓家中,部队住进民房,又是担水,又是扫院子,人们都把这种军民关系称作军民鱼水情。张思德就有许多"鱼水情"的故事:

1940年春,张思德随留守处警卫连迁到甘泉下寺湾一个小山村住了几天,住在老乡给他们腾出来的屋子里。到了近五更时分,忽听村中传来喊声:"有狼啦,打狼呀!"

连长和张思德及几个战士被惊醒了,跑出屋一问,是狼叼走了邢大娘家的一只小羊。张思德从大娘手里接过一把菜刀,和另一位战士一起，端着枪，按大娘指的方向借着月光去追狼。连长搀扶着邢大娘回了家。

狼拖着羊跑不快，追了不太远，就看到了叼羊的狼。那位战士举枪要打，张思德说了一个"别"字，因为那狼叼着羊跑，忽左忽右，怕开枪打到了羊。

张思德知道，狼最怕铁器响声，他对那位战士说："你随狼向前追，但要慢点，主要是吸引狼的视线，我带着菜刀绕过去。"

张思德绕到离狼不太远的地方，猛然用刀连敲枪杆，叮当一响，那狼松口飞快逃跑，这时，张思德举起枪，"叭"的一声，只见那狼滚了两个滚儿，就不动了。

张思德和那位战士，一人拽着死狼，一人抱着被咬伤的小羊回到村里，请连队的卫生员给小羊的伤口消了毒。

当把活羊和死狼都送到邢大娘家中时，邢大娘感动得热泪盈眶。

张思德调到中央军委警卫营通讯班后，在一个秋天的早晨，他奉命去延安李家坬中央医院取药，他只身一人，匆匆赶路，当顺延河边走到一个拐弯处，发现河水里漂来一些黄瓜、茄子，他站在河边就近的高坡上，向河水的上游一望，远远地看到两位老乡正在河里捞菜，还看到一头毛驴旁边扔着两个菜篓。他明白了，这一定是老乡的驴驮蔬菜出了事，于是，他下了河，逆着水流，捞起了茄子和黄瓜。

河水没过膝盖，裤子湿了多半截。张思德捞起黄瓜，甩了甩上边的水，插进军装兜里；又捞起茄子，抱在臂弯里，朝老乡走去。

老乡说："这是给河西联防大队送的菜，走到小桥上，毛驴前蹄打了个滑,摔翻了菜篓,茄子、黄瓜摔到河里不少,幸好河水不太深,捞上来大部分。漂远的这些黄瓜、茄子,多亏了同志你帮忙。"

送菜的老乡见张思德半截裤子半截袖子都湿透了,一再表示谢意。张思德说,军民一家人,遇事一起办,便告别老乡,匆匆上路了。

张思德送信的时候,免不了跋山涉水。那时,延安四周有不少季节河,下了雨河水暴涨,平时则是浅浅细流。这种河上很少有桥,只有在河里每隔一步间距,断续摆上比较方正些的大石块,石头一块一块地摆成一排,这叫"搭石",供行人踩着过河。张思德送信时碰到这种河,只要对面有人,总是让对方先过。有时送的信是急件,时间很紧,张思德就走到中间,然后自己踩进水里让道,让对方踩着石头过去。张思德对待人民群众就是这样谦恭有礼、先人后己。后来,这种做法渐渐影响了通讯班的其他战士,大家都这样做,最后成了通讯班里一条不成文的爱民守则。

在南泥湾参加开荒时,连长让他给延安送一封信。张思德翻过了仁台山,顺着一条蜿蜒的山路,朝一个山村的方向走去。走着走着,他看到一位背柴的人,缓慢地向前走着,从后面看去,只见柴不见人,当他走到背柴人跟前时,才知这是一位老大娘。张思德说:"大娘,我比你力气大,我替你背,送到你家去。"

大娘一看是位八路军战士,就说:"孩子,你的好意我心领了,可军队的事,比我这捆柴重要,你就快去办公事吧!"

张思德说:"咱走的是一条路,不耽误事。"说着就把柴捆要过来，背到了自己的背上。这时他觉得这捆柴的确不轻，大娘背着太辛苦了。他问："大娘，你怎么不让你家的男劳力来背柴？"

大娘说："老伴支前去了，乡政府不断派工帮我家干活，咱不能光麻烦政府，自己能干的活，得自己慢慢干。"

来言去语地说着话就到了大娘家。张思德把柴一放，扭身就走。大娘说，我给你做点饭，吃了再走。张思德说有急信要送，出门就走。大娘望着张思德的背影，不断地说："八路军里都是好孩子。"

第二天，张思德完成送信任务往回走。经过这个村的村头时，有个十来岁穿红袄的小女孩，拦住张思德问："你是昨天去延安送信的那位叔叔吗？"

张思德被问愣了，说："你怎么知道我是送信的？"

小女孩说："我奶奶叫我在村口等着，看见八路军就问，要不是送信的，就让他走，要是送信的，就请去我家一趟。"说话间，小女孩抓住张思德的衣角就往家拽。一进门就喊："拦住啦，拽来啦！"

那位大娘从屋里端出十来个煮熟的鸡蛋："孩子，公事要紧，我也不留你住下，这鸡蛋，给你部队捎去分着吃。"说着，就往张思德挎包里装。张思德紧紧按住挎包说："大娘，我们有'三大纪律八项注意'，不能拿群众一针一线，犯了纪律要受批评，这鸡蛋留给你和小妹妹吃，我得赶紧回去汇报。"敬了一个礼，转头快走，大娘追不上，掉着眼泪说："毛主席的队伍真是好！"

张思德他们去安塞县土黄沟烧炭，先是住在山村老百姓家里，在工余时间，他们帮助房东扫院子、担水、喂猪，有时还帮着哄小孩。有一次营里送来红烧肉犒劳战士，每位战士分半碗吃。张思德吃了两块，悄悄地把分到自己碗里的那份肉藏了起来，饭后送给房东马大爷的孙子吃了。

烧炭班夏初入山，一直工作到秋末。在秋收农忙时节，他们总是挤出时间帮助老乡秋收。每收完一块地，还要搞"颗粒归仓"——张思德和战士们在收割后的庄稼地里排成横队，拾过来，捡过去，把丢下的谷穗拾起来用军装包着，送到各家各户。几十年后，土黄沟的老人还能记起这件事，他们说："只有八路军会这样做。"

后来，烧炭班自己打了窑洞，不再住村子里。张思德隔一段时间就到村里看看。有一夜下了暴雨，第二天张思德就派战士到村里看看有什么情况。战士回来说："村里没有别的事，就是村头的小木桥被冲毁了。"张思德立刻抽调四名战士，由他带队，用一个上午的时间把小木桥修好了。

给王大娘写信

张思德和战友们在安塞县土黄沟烧炭时,见到军属王大娘立在门口,似在想什么。她看见张思德走到面前,就跟他说起话来。两人聊了一会儿才知道,原来大娘的儿子参加八路军有一年多了,始终没有来信,她很是想念,所以见到八路军战士就想说上几句话。

张思德知道了原委,搬来两块石头,扶着大娘坐了下来聊天。张思德告诉王大娘,自己的家在南方四川,参了军,离开父母来到了这大西北,自己也想家啊。家里还有老妈妈,这么多年没有音讯,也不知道妈妈怎么样了……说到这里,张思德的眼圈红了,声音哽咽了。

王大娘问:"给你娘写过信没有?"

张思德说:"给我娘写过一封简单的信,收没收到,我就不知道了。"

王大娘说："不回信就是没收到你的信，第一封信收不到，你就再写第二封。"

张思德向大娘说了写信的原委：原来张思德参加红军后，家乡的革命形势不稳定，还乡团和土匪恶霸勾结在一起，依仗川军做保护伞，与红军打"拉锯战"。还乡团凶残至极，残杀军属烈属，甚至大人孩子满门抄斩。所以张思德给妈妈写的那封信，只是简单地用暗示口气写了不多两句话，也不敢写明写信的地址和真实姓名。

王大娘听了张思德讲的写信实情，"咳"了一声说："老俗话说得对，'自古忠孝难两全'呀！"

张思德说："你的儿子参加革命队伍，他没有办法守在家门口，我们八路军战士都是你的儿子，你有什么事，一定招呼我们一声……"聊了好久，张思德才告别王大娘。

回到班里，张思德跟战士们讲了王大娘的事，大家都说，王大娘就是我们的老妈妈，我们就是她的儿子。

从那以后，大家烧炭之余，总是隔三差五地到王大娘家看看，给大娘家挑挑水、扫扫院子、喂喂猪，没有活的时候，就陪大娘说会儿话。

后来，烧炭队搬到自己打的窑洞住，离村子远了，可张思德一直不忘安排战士轮流探望王大娘。每逢刮风下雨，就关心大娘家的窑洞漏雨没有，窗户刮破没有，就怕老人受冻着凉。营里送来了白面馒头慰劳战士，张思德就拣出几个，让战士给大娘送去。

烧炭班的战士温暖了大娘的心，王大娘逢人便说："我一个儿子参加了八路军，现在又添了十一个儿子。"

两年后的春节前，土黄沟马大爷忽然来到警卫营找张思德。当年交通不方便，山里是盘山羊肠小路，转出山来要费好长时间，所以土黄沟的人很少到延安来。这次马大爷还带着孙子来，张思德以为发生了什么大事，连忙询问。马大爷说："没什么事，就是想你们。快过年了，总是想念亲人们，来看看你们，也看看党中央、毛主席在的延安。孙子天天闹着，要找张叔叔玩呢。"张思德这才开心地笑了。

张思德又问起王大娘的近况，马大爷说："挺好的，就是一直没收到儿子的来信。眼下快过年了，你王大娘想儿子，又想得心慌了，总是念念叨叨，时不时地总愣神儿。"说着，马大爷拿出一双棉鞋，说："这是你王大娘做的，让我捎给你。"

张思德接过棉鞋，眼眶湿润了。安顿好马大爷的吃住，张思德便找来烧炭班的战士，提议：在这"每逢佳节倍思亲"的日子，大家一起给王大娘写封信。然后让马大爷给她捎回去，在村上找人给她念念。大家一致赞成。

张思德执笔，大伙你一句我一句地说心里话。有的说，我们很想念您；有的说，我们有机会还会去看望您；有的说，我们如果打听到你儿子所在的部队，一定让他与您联系……最后张思德写上：大娘，我们十一个战士，就是您的十一个儿子。在延安祝福您过年好，也给您拜个早年！

这是张思德参军离开家乡转战南北以来第二次写信，第一次，写给六合场的妈妈的信不知收到没收到。这一次，写给王大娘的信,马大爷一定会亲自交到她手里。

王大娘送给张思德的那双棉鞋,他一直没有舍得穿,直到他牺牲,还崭新地包在他的小包袱里……

从班长到战士

1941年秋天,张思德的通讯班,跟随中央军委警卫营部分同志来南泥湾一边生产劳动,一边执行警卫营的通讯任务。到1942年11月,通讯班接到命令,由南泥湾返回延安。按时间算,在南泥湾开荒生产一年多,别看时间不长,但通讯班的生产成绩很好,取得了生产、通讯双胜利,张思德本人,也受到了上级的表彰。那么,为什么又速回延安呢?这得从边区民主人士李鼎铭先生的"精兵简政"议案说起。

李鼎铭,陕西米脂县人,是位开明绅士,是陕甘宁边区参议会参议员,他拥护共产党,主张抗日救国,关心边区军政工作。他在1941年11月陕甘宁边区第二届参议会上,提出了"精兵简政"的议案,这条议案很受毛主席的重视。经一年的调查筹划,中央党政部门开始实施精兵简政,张思德所在的中央军委警卫营与中央教导大队合并为中央警备团,于 1942 年 11 月 7 日召开了合并大会。合并后的警备团,由优秀的干部和战士组成,配备钢盔、冲锋枪,号称"钢盔团"。警备团的任务,是保卫首脑机关,所以朱总司令要求"钢盔团"的警卫工作,要做到"万无一失"。

张思德在合并大会的会场上想:我们通讯班进入了"钢盔团",一定要更出色地完成上级交给的通讯任务。警备团成立大会散会时,原警卫营教导员淳杰对张思德说:"由副班长带通讯班先回驻地,你留下来,咱俩聊聊工作的事。"

张思德敬了个礼说:"是!教导员。"

淳杰说:"我现在不再是教导员啦,降为警备团的总支书记,你要按老习惯叫我'教导员',那就加个'老'字——老教导员。"

"是!"张思德说,"老教导员,你吩咐的工作,我们通讯班一定去完成!"

淳杰说:"你们的通讯班,已经完成了自己的历史任务,你也很好地完成了通讯班班长的任务,但除了送信,还有和送信同等重要的新任务等待你去完成。"

张思德机智聪明,听得出老教导员的话里有"关子",就说:"老任务是革命任务,新任务也是革命任务,不论什么革命任务,凡是上级分派的任务,我都尽最大努力去完成。"最后说,"请老教导员下指示吧!"

"那好。"老教导员说,"新组合的警备团指示,通讯班和一些勤务分队,在机构合编后要撤销,你们都充实到各个连队当战士,团里考虑你原是先进班的班长,现在又让你下连队当战士。"

老教导员指着自己的脑袋微笑着说:"这个,没有什么问题吧?"

张思德说:"老教导员,你最了解我,当班长、当战士,都是革命,只要革命需要,不分班长不班长,让干什么,就干好什么。请警备团的党总支放心,我不仅保证当好一名战士,还争取做总支的好党员!"

"这就好。"老教导员告诉张思德,"你先回班里做一下战友们的工作,给战士们讲讲精兵简政机构人员变动的意义,过一两个小时,我去你们班看望看望大家。"

张思德回到通讯班,和副班长陈耀通报了通讯班解散的情况,召开了最后一次班务会。会上,张思德讲了全班分赴新岗位的情况,战士们一致表示拥护党中央、毛主席"精兵简政"的重大决策,坚决服从组织安排,及时去新的岗位报到。但是,大家在通讯班,朝夕相处,风雨同舟,亲如兄弟,革命情深,难以割舍。

张思德见一些战友红着眼圈坐着不动,便向副班长一努嘴:"你给大家再说几句。"心有灵犀一点通,陈耀说:"今后,张班长不再是我们的班长了,但他还是我们大家的好兄长,大家还在延安城,见面的机会多着呢,大家有什么困难,有什么想法,还可以找老班长聊聊,不在一个班,还是一家人,大家依然互相学习,互相帮助,共同进步!"

张思德接着话茬说:"大家各自分到新的连队,有了新成绩,有了好喜讯,及时互通个信息,我也分享分享大家的喜悦。"

战士的天职是服从命令,上级有指示,战士们立即行动开始整理衣被,准备去团部报到。

张思德把在南泥湾获奖的笔记本，送给战士小申；把平常舍不得用的一条羊肚子毛巾，送给小张；把一双新草鞋，送给小周；把与副班长共同盖的被子和一张合铺的羊皮，送给陈耀。

陈耀打趣地说：“我说班长，咱这不是打土豪分田地呀，你把你的好东西都送给我们，你自己一件也不留，这还行呀！”

张思德说：“我留着一件。”说着他从衣兜里掏出了一枚红军军帽上的红五星帽徽，告诉大家：“这是我当红军时戴了三年的八角帽的帽徽，如今国共合作，红军改编成八路军，但这枚红五星，我一直珍存着，因为它是红军时期革命的象征，代表着我们共产党的革命传统，我要与它终生为伴⋯⋯”

正说着，老教导员来看望大家，问大家准备得怎么样了，大家说：“正要找你去报到。”老教导员说：“分配名单我带来了，现在给大家宣读一下。”

宣读的第一个就是张思德，他被分配到了警备团一连二排四班当战士⋯⋯

第一次见到毛主席

1942年冬,张思德第一次见到了毛主席。

在未见到毛主席之前,张思德有过朦胧的想法,若是能亲眼看到毛主席,那该是多么幸福呀!有一次,张思德接受去定边县送信的任务。定边县有明代修的土长城,三五九旅的一部分战士在长城挖了一些窑洞,住在这里晒盐。夜间窑洞的灯光,远远望去,犹如地上站队操练的星星,到此送信,灯光给他留下了深刻印象。

毛主席习惯夜间灯下办公,所以毛主席的灯光,常常彻夜通明。他这次送信回到延安,天已半夜三更。他路过毛主席的窑洞附近,看到还在亮着灯光。张思德望着这灯光在想,八路军的灯光,毛主席的灯光,就是革命的火种,它一定会使天下光明起来。他路过毛主席的窑洞时,三步一回头,两步一张望,心里感觉就像见到了毛主席一样,感到亲切温暖,心里亮堂。

张思德眼睛看毛主席窑洞里亮着的灯光，心里想着毛主席，期望能见到毛主席。

这一天真的来临了。

1942年冬天的一个上午，张思德和一位战友从杨家岭去新安场，途经石砭这个地方时，远远地看到一辆小汽车，停住不动。张思德和战友说，咱们快去，去看看那车怎么了。

因为在延安一带，用小汽车的都是高级首长，张思德对八路军中的所有首长，都有一腔热爱尊敬的革命之情，所以很快就跑到了车的跟前。一看，车陷进了一个冰窟窿里。张思德和那位战友也不问这是谁的车，就帮助推车，但推不动。

这时，从车上下来两个人，一位是警卫员贺清华，张思德不认识他，另一位，张思德一看，这人长得和照片上的毛主席一样，心想这就是毛主席，刚想上前给毛主席行敬礼，转念又想，先推出车来再说。

几人虽然合力推车，但车的后轮，只在冰窟里原地打转，前轮依然不动。张思德二话没说，脱下鞋袜，跳入冰水之中，两手抱起一块大石头，猛砸后轮前边的冰坨子。又喊身旁的战士搬了几块小石头，垫在车轮底下，让司机猛踩油门，只听车子咕咚一声，冲出了冰窟。司机一边道谢，一边拿来毛巾给张思德擦腿上和脚上的泥水。战友也用自己的棉帽子，给张思德擦泥擦水。

这时，毛主席一边伸出双手，暖和张思德的手，一边让警卫员贺清华给张思德搓腿生热。张思德说不用搓，贺清华说毛主席是怕冻坏了你的腿脚。张思德一听这真是毛主席，马上说："毛主席，我不冷！"

毛主席问："你是哪个部队的？"

张思德行着军礼回答："报告毛主席，我是警备团一连的。"

毛主席又问："你叫什么名字？"

张思德答："我叫张思德。"

毛主席问："是不是'弓''长'张的张？"

张思德答："是。"

毛主席问："思是思想的思吧？"

张思德答："对。"

毛主席又问："是得到的'得'，还是恩德的'德'？"

张思德答："恩德的'德'。"

毛主席从怀里掏出一个记事本，把"张思德"这个名字写在了本子上，把那位战友的名字也记在了本子上，然后对张思德说："小同志，乐于助人的精神值得大家学习哟！"

张思德不好意思地一笑说："我做得还不够。"

毛主席也一笑说："这谦虚精神，更值得学习。我有事赶路，再见！"

毛主席上了车，走了好远，张思德才与那位战友，从激动之中平静下来。张思德对战友说："毛主席说'再见'，你说咱什么时候能再见到毛主席？"

战友说："就看运气喽。"

事情总有巧合的时候。张思德殷切盼望再次见到毛主席，在第二年（1943年）修建军委礼堂时，真的就又见到了。不仅又见到了毛主席，后来还调到了直属警卫队内卫班给毛主席当了警卫员。

永葆楷模本色

张思德到中央警备团一连二排四班当战士,一定当一名好战士,这是上级领导的希望,也是他个人的决心。

警备团一连的主要任务,是在杨家岭一带站岗放哨。这一带的哨位很多,在头些天分给张思德的哨位,路途短,值白班,人员多。张思德察觉到,这是班长对自己的特殊照顾,他就找班长谈:"班长,我夜里走山路有经验,请给我派夜间路远的哨位吧。"

班长深知张思德能力强,经验多,考虑到偏远的哨位,在黑天、雨天、风天,需要应变能力强的同志来把守,就答应说:"感谢你支持我的工作。"

实际上,一连各班的工作,不仅仅是站岗放哨,上级有什么重大工作任务,常常抽调各连各班战士协同完成。1943年春天,在王家坪八路军总部院内,要建一座中央军委礼堂。这在当时的条件下，算是一项大工程，由军委和总部的工作人员及战士动手修建。张思德也被抽调到工地参加礼堂建设。

这个礼堂是由三五九旅一名叫伍积禅的木工设计的，礼堂顶部是木架结构，墙体由砖石砌成。首先需要从山沟采石场往工地运石头，这是一项吃苦耗力的累活，张思德个高体大力气足，主动要求加入运石小分队。来到采石场，他用眼一扫，哪块石头大，他就背哪块。一百多斤的山石，背起来就走，一气背到工地。背了两天，肩背压肿了，肉皮磨破了，汗水一浸，火辣辣的疼。不只张思德一人这样，所有背石头的战士，或轻或重，都这样坚持着。

张思德好动脑筋，他想，这样下去，吃点苦没啥子说的，只怕影响运石进度。一天，张思德找来一些稻草，用水湿了湿，打成一个又一个小小的草垫，分发给背石头的同志护肩垫背用。好多战士知道他会打草鞋，见到他又打垫肩，称赞他是"百事通"。

张思德笑笑说："草鞋和垫肩大同小异，都是粗活，你们谁愿意编，我自告奋勇当师傅。"他教会了一些战士打垫肩，大家磨肩磨背的痛苦也减轻了许多。

军民齐心合力，大礼堂工程进展迅速，很快到了上大梁的时候。当年没有吊车，上大梁全靠人工抬、推、拉、举。张思德和大家首先搭起木架子，用绳拴住大梁，叫起号子，一寸一尺地往上吊。开头，还算顺利，当大梁被吊到顶的时候，出了险情。

大梁一头被木架子顶到墙上，另一头摇摇晃晃去对榫头，这时只听咔吧一声巨响，支架中的一根木杆断了。一杆牵动整个木架，支架开始晃动，致使吊上去的大梁不稳，眼看就要落下，这非砸着在下面干活的人不可。千钧一发,危险关头,在这节骨眼上,只见张思德跨上架顶,用肩头死死顶住大梁,止住了大梁摇晃。他手疾眼快,抡起手中斧头,"啪,啪,啪"几下,使大梁的卯眼牢牢地对上了立柱的榫头。就在张思德抡那最后一斧头时,由于用力过猛,一个趔趄从高架子上摔了下来。

大家急忙跑过去连喊带问:"思德!怎么样?"

正在这时,毛主席和朱总司令来大礼堂工地视察,也算是来祝贺上梁大吉,见一些工作人员和战士围着一个人,就上前问情况。毛主席一眼就认出了张思德,因为去年张思德曾帮司机推动毛主席的汽车,毛主席记下了他的名字,对张思德印象很深,所以这时一见张思德就说:"是你呀,张思德同志!"见张思德摔伤了腿,就指示在场的人:"快抬他去医院!"

大家把张思德抬到医院,经医治两三天就好了。

大礼堂建成后,中央社会部为庆祝礼堂落成,并答谢礼堂参建人员,特地请来专业剧团做慰问演出。张思德和参建战士们自然被邀观看,且座位安排得靠前一点,和首长席接近,这回可以轻轻松松地欢乐一晚上了。

在锣鼓开响、帷幕拉开的时候,邻座的战士还看见张思德在座位附近晃了晃,待台上角色演出时,却不见张思德的身影了,而坐在他座位上的是一位当地老乡。

在过去,战士们有文娱活动时,张思德常常主动替别的战士站岗放哨,让战友来看节目。所以大家猜测,这次他可能又去替岗换哨了。

在那个年代，难得看到大型演出，所以这次的观众中，除了受邀而来的首长和参建人员外，还有零散而来的许多战士和当地男女老少群众。这次张思德倒是没有替别的战士去站岗，而是让出位子自己来到最后一排的座位上坐下了。开演之后，又从礼堂门口挤进一位年长老大爷，张思德对老大爷说："前边所有的座位都坐满了，你就坐在这里看吧。"张思德起身让座，老大爷小声说了感谢的话，张思德把嘴凑到老大爷耳边，轻轻地说："我年轻力壮，站着坐着都能看……"

走上内卫岗位

毛主席在陕北一共工作了十三年，这期间，毛主席居住和办公的地方换了好几处。1943年10月，毛主席同中共中央书记处从杨家岭搬到了枣园。

枣园距延安城有八公里，毛主席搬来不久，中央书记处的周恩来、朱德、任弼时等领导人也搬到枣园办公。就是在这个时候，张思德的工作有了新的变化。

这天清晨，张思德同本班的战友照例晨操跑步。春天的早晨，景色宜人，战士的队列，步调整齐，"一、二、三、四"的喊操声雄壮有力，春色、士气、步伐，呈现出一派朝气蓬勃的景象。

这天早晨，张思德心情特别愉快，因为昨天，警备团召开了"评模创优"表彰大会，会上，他被评为"即知即行模范战士"。获得这样的荣誉，心情当然高兴，就在今晨散操之后，营长王景叫住了张思德。

"你等会儿再走。"王营长说,"我早饭后,还有紧事要去办,趁这个空儿,向你谈个好消息。你被评上即知即行模范,心里有什么想法?"

张思德说:"心里感到光荣,也感到有压力。"

王营长说:"感到光荣就好,感到有压力更好,压力就是动力嘛,动力可以变成新的成绩。"接着又问了一句,"对工作岗位有什么新的想法?"

张思德说:"有!我想,今后再向班长多要些夜岗、远岗、风岗、雨岗。"

王营长说:"好,这像模范的想法,要是还有比这些'岗'更重要的'岗',你愿不愿去?"

张思德说:"首长指到哪里,我就到哪里!"

王营长拍了一下张思德的肩膀说:"好战士就是好战士,行!思想过得硬!"又换了个严肃的口吻说,"言归正传,团里已经决定,把你调出一连,到直属警卫队去给毛主席当警卫员。"

张思德听到这话,喜出望外地"啊"了一声。然后说:"营长!我做梦也不敢想。"

王营长说:"你可以不想,但组织上不能不想。早饭后,你们的连长,会通知你去报到的具体时间。"

张思德向营长敬了个礼说:"是!"

第二天,阳光灿烂,春风拂面。张思德穿着洗得干干净净的半新半旧的军装,背着行装,连长、班长和几个战友把他送到村头，一一握手后，他就上了路。他一边向枣园走着，一边心情愉快地唱起陕北民歌：

> 平展展的阳关道条条通枣园，
> 土窑洞那个亮亮的油灯一盏盏。
> 一曲曲那个信天游绕着枣园飞，
> 人民战士和毛主席心呀么心相连。
> ……

张思德边走边唱的快乐心情，是可以理解的，他从自己多灾多难的贫困人家起步，走入少先队——走入县独立大队——走入红军行列——走入草地走过雪山——走到泾阳——走到延安——走进枣园——走到毛主席身边，年轻的脚步，就是这样不停地前进着……

枣园原是二连山下的一个十来户人家的小山村。这里土岭多，树木多，当年有位名叫申有安的财主看中了这个地方，便在这里建了一个八十亩的大庄园，名为"枣园"。后来，他卖给了军阀高双城，到革命年代，军阀弃园而逃，由革命军队占领。党中央到延安后，中央社会部驻在枣园，陆续修建了一些房子，并建了一座小礼堂。1943年10月，毛主席和中共中央书记处由杨家岭迁驻枣园，周恩来、朱德、刘少奇、任弼时等也先后迁居于此。这里成了中国革命的心脏和大脑，所以警备团就在这里安排了直属警卫队。张思德到直属警卫队报到后，被分派到毛主席内卫班做警卫工作。他的许多警卫工作的故事，就发生在这里。

心中装着"万无一失"

张思德还没有调往直属警卫队的前一年,他在延安同战友们一起看过电影《列宁在十月》。他看到瓦西里给列宁当警卫员,很羡慕他的工作岗位,也很敬佩他的工作责任心。张思德到枣园毛主席内卫班报到后,有一种莫名的兴奋和自豪,他心中时刻提醒自己一定要保护好毛主席,心头牢记着朱总司令对警卫战士提出的要求——万无一失。

"万无一失"四个字,在张思德心中扎了根,开了花,结了果。

警卫员上岗值班,按规定,不能东转西窜随意走动。这在值白班,是没有问题的,因为白天视线清楚,出出进进的战友多,自然而然形成一种群防群卫的工作环境。但是到了值夜班,就不同了,那时枣园没有电,时入深夜,无路灯,无院灯,视线朦胧,如果在阴雨之夜,岗位更是遇事难援。根据这一情况,张思德在班务会上提出试行"带班员"的想法。班长觉得张思德心细,想得周到,经全班讨论,上级批准,就增加了"夜班带班员"。带班员不固定岗位,在几处岗哨之间,联系情况,还可以到没有岗位的地方流动观察。实行了张思德的这个办法,夜班岗哨形成了一个动静结合的警卫整体,提高了安全系数,更好地发挥了防卫效能。

张思德不仅给班内值勤提建设性的意见,他还在许多方面表现出色,常常主动进行替班换班。夜间下大雨,轮到新战士值勤,他就提出倒换一下黑白班,自己去雨夜值勤;有的战友赶上身体不舒服,张思德就主动提出去加班;赶上看戏、看电影的时候,他就把自己那张票,让给执勤的战友,自己替他值班。这样久而久之,他在战友们的心中,成了"二班长",在班长的心中,成了工作上的"好助手",所以全班都尊敬他、学习他。

张思德一心扑在警卫工作的"万无一失"上,他的工作越来越细,提出的工作点子也越来越多。

毛主席有夜间工作的习惯,这就给夜间上下岗的战士提出了新的要求,就是在毛主席聚精会神思考大事、批阅文件、撰写文章的时候,不能大声说话、跑跑跳跳、乱出响动,尽力保持安静的环境。为这,张思德在上岗下岗经过毛主席的窗外、门前时,总是脱下鞋来,轻轻地走动。有一次,他下砖砌的台阶,踩到一块活动的砖,身子一趔趄,发出了一下"咚"的脚步声。到了白天,他下岗后的第一件事,就是前来检查砖台阶,他把活动的砖扒下,重新砌牢固。

内卫班住的窑洞和毛主席住的小院，隔着一堵墙，毛主席那边有什么吩咐，站岗的同志只能从小门转过墙来叫人，有时还隔着墙大声喊。张思德考虑到一旦有突发情况，转过墙传递信息不便捷，喊来喊去又打扰毛主席办公，他就在哨位旁边一棵树上扯上一条绳子，绳子一端通到墙那边的内卫室，并系上一个小铃铛，若有情况，哨兵一拉绳，内卫班其他人就知道了，又快捷又安静。内卫班之中，有老战士，也有新战士，战士小孙不仅入伍时间短，年龄也小。张思德就嘱咐小孙说："你遇上情况，如果一时不知怎么处理，就拉一拉这绳子，我们一听到铃铛响，就会过来帮助你。"

毛主席总在夜间工作，有时工作到黎明才睡。毛主席住的院子里有许多树，其中有一棵大槐树，这棵槐树始植于1871年，根深叶茂，有许多鸟夜宿树上，天一亮，鸟就开始叽叽喳喳地叫起来。为了让毛主席好好休息，张思德在地上拣起一块鸭蛋大的石子，抡起胳膊就要往树上投，忽然一想，石子掉下来也有声音呀，一松手，又把石子扔了。

第二天，他找了两根竿子接绑在一起，竿头上缠了一些绳头布条，天麻麻亮的时候，毛主席熄灯要睡了，张思德在窗外树下，晃动竿子轰鸟。偏巧，毛主席吹了灯，刚躺下片刻，又起身找东西，这时从室内往窗外一看，见张思德正晃动着竿子。毛主席出来，打趣地说："你这娃子，练的哪家武功？"

张思德嘿嘿一笑说："不是练武功，小鸟吵你睡觉，我在赶它们。"

毛主席搓了搓手,伸了伸腰说:"有诗道'春眠不觉晓,处处闻啼鸟。'鸟儿们早晨要唱歌,就让它们唱吧。"

直属警卫队制定了《警卫工作守则》。张思德第一个把守则背得滚瓜烂熟。其中最重要的一条是:毛主席出席公众场合,每位警卫战士要面松心紧。也就是说,跟随在毛主席身边,既不能虎视眈眈瞪着眼寻找敌情,又不能麻痹大意忘掉警卫工作,所以"注意"二字,就成了所有警卫战士的心理特点,这更是张思德的心理状态。

毛主席迁驻枣园的第一个春节,按照当地春节拜年的风俗习惯,毛主席宴请枣园村的村民代表,实际就是毛主席和群众互相祝福,共同拜年。警卫班的战士,也以八路军战士的身份参加了这次团拜。枣园小礼堂,放了几张桌子,桌上摆上简单的酒菜。毛主席站在小礼堂门口欢迎前来的村民代表,并一一握手。开宴时,毛主席举起酒杯,高高兴兴地讲:"远亲不如近邻,咱们是好邻居,感谢大家对驻地党政军的关照、支持。我代表驻延安的党政军,在这里给大家拜年,为新的一年风调雨顺、军民团结,大家干杯!"

村民也说,给主席拜年,为新的一年取得抗战新的胜利干杯。

毛主席和年长的村民坐在一桌。这天,张思德和内卫班战士都特意换上了新军装,喜气洋洋地给各桌端茶斟酒,全场气氛欢畅热烈,尽兴而散。散了宴席回来,张思德和战友们回到警卫室说:"可算平安无事地结束了。"

新战士小孙说:"这是毛主席请村民,都是好群众,用不着担心出事情。"张思德说:"敌情倒是不一定有,但是咱们端菜,如果摔了盘子,或有人喝多了酒说几句醉话,或老年村民喝酒头晕回不了家,这都是要想到的事情,我们都得随时做好应对工作。"

班长说:"张思德对警卫工作领会得全面,我们大家都要向他看齐。"

跟随毛主席外出

这天，按照工作日程，毛主席去延安城里开会。从枣园居住地到延安城里，若是步行，要走两个小时左右，所以每次去延安开会，都是坐小汽车。

毛主席用的小汽车，是爱国华侨陈嘉庚先生赠送的。这是一辆警卫小汽车。车内可坐八九个人，车后侧，有站立的脚踏板和手把栏杆，是专供随车警卫员观察情况用的。到远处开会时，张思德和一两位战友，就站在脚踏板上，眼观八方，以防意外。

那时的延安，没有柏油路，都是土石参半的路，既走老百姓的驴车，也跑汽车。路面有浮土，汽车跑起来，有风没风都是尘土飞扬。如果是炎夏外出开会，不仅尘土扑面，还有烈日当头；如果隆冬赶上风雪天外出开会，当然十分寒冷。上级首长关心警卫员的工作，不只发棉大衣、棉帽子、棉鞋，还发棉手套。这在一般情况下，是可以御寒的，如果遇上顶风冒雪的天气，那棉衣棉帽也够呛了。遇到这种情况，毛主席很心疼警卫战士，就让警卫员坐在车内。

那时的延安一带，中央各机关云集，工作人员多，驻军也多，群众革命觉悟高，军民联防工作也做得好，总的治安环境还不错，首长们的安全系数较高，即使警卫员坐在车内，实际上也没有问题。但是这天去延安开会，从内部得到一点情况，警备团让各个岗位的战士多加注意，所以这天，张思德和一位战友就一直站在车后脚踏板上。

这天虽然不冷不热，但尘土多，尤其车子在路上突然一减速，车后的尘土就往车上扑。但是张思德不因此而放松警惕。他心里想的是：警卫工作重在一个"警"字，防的就是"万一"，所以有尘土无尘土，他都坚守岗位，瞭望四方。

幸运的是，这一次来延安开会，一路平顺，等到毛主席入了会场，他们两位警卫员，才轮着去洗脸，不仅脸上土多，耳朵眼里、鼻子孔里也有土，张思德洗了一遍又一遍，心里想：给毛主席当警卫员，不能让别人看着不干净，不精神，也不能让毛主席看着心疼。

这年隆冬，有一次毛主席又去延安开会，路上下起大雪，并且车行顶风。车子走出枣园不远，毛主席让司机停下，从车窗探出头来对张思德说："下起雪来喽，到车内来吧。"

张思德和另一位战士说："不冷。"

毛主席笑着说："你这娃子说得不实际，冷不冷我心里清楚。"

张思德说:"主席,我们值勤不怕冷。"

毛主席说:"你这娃子不怕冷,我替你们怕冷。"

司机下了车,向张思德打手势示意:再不下来,车就停下不走了。

张思德和那位战士进了车,各靠一个车窗。车子开动了,张思德扭着头,眼睛一直盯着车窗外……

毛主席到路程远的地方开会或视察,都是坐车来往,如果去很近的地方,毛主席就步行。毛主席有个喜欢接近群众的习惯,遇到老百姓常常会聊很多。张思德知道,老百姓都拥护毛主席,不至于有什么安全问题,不过,毛主席一停下来说话,张思德就得特别扫视周边的环境,观察过往人群的动静,他脑子里,总是绷着一根安全的弦。

对警卫员来讲,首长的安全,是一个广义概念,不仅仅是敌情问题,就是道路状况,也属安全范围。比方说,毛主席在户外散步的地方,要把砖头瓦块清扫掉,有滑人的庄稼秸秆,也要及时扫掉。院外有一段坡路,雨天走在上边,容易打滑。张思德与战友们就把这段路修成台阶形。冬天下了雪,就及时把台阶上的积雪扫掉。

有时夜晚毛主席要出去工作,张思德就点上马灯,跟随毛主席一同走夜路。张思德提灯照路,有自己的讲究:他提马灯,总是走在毛主席一侧的前方,并且提灯的手臂向后侧伸着,这样自己的影子就闪开在了毛主席的脚步前面。

毛主席和警卫员们说话,有时很幽默,见张思德提灯的手臂总是伸着,毛主席说:"总这样,你那胳膊也会有'意见'的。"

  张思德嘿嘿一笑说:"光用一条胳膊伸着,它有意见,走一段路,换一个胳膊,它们就没有意见了。"张思德自己陪毛主席走夜路,他总是这样提灯,他还把这办法传给班内其他的战友。这样一来,毛主席走夜路,总是眼前一片光亮。

刻苦学习

张思德是一位勤奋刻苦学习的战士。

张思德童年家境贫寒,只念了一年私塾,就因交不起学费而退学了。他参军后,渴望自己能在部队多学些文化知识,但战争环境不允许战士安安静静坐在课堂上读书习字,只能在战斗间隙学习,不只学习时间有限,而且学习条件也差,这就使张思德的学习具有刻苦的特点。

张思德参军后,学习文化知识的机会有两次:

第一次是在四川恩阳镇的列宁模范学校。恩阳是川北有名的古镇,当年这里的革命力量比较强大。1933年7月至1935年4月,红军在此开办了列宁模范学校,先后从部队挑选了二百余名优秀青少年战士到这里读书,张思德也被上级送到了这所学校。

第二次学习机会是到了延安,调入中央军委警卫营之后。延安的环境相对安定，领导重视干部和战士的文化学习，因此党政机关和部队的学习气氛比较浓厚，这使张思德又获得了一次新的学习机遇。

不论是在列宁模范学校，还是在延安中央军委警卫营，张思德的学习积极性都很高，学起来十分勤奋刻苦。张思德的学习还有一个很大的特点，就是团结、带动、帮助战友共同学习，一齐进步。比如说在列宁模范学校拉练行军时，他就请老师写上几张字条，把字条分别贴在几个人的背包上，这样，后面的战士就可以读到前面背包上的字。张思德的勤学精神，带动了战友们的学习积极性，同志们学得热火朝天，都有显著进步。

张思德和战友们在学习文化中，遇到的最大困难就是缺纸缺笔缺墨缺灯。在克服这"四缺"方面，张思德动了不少脑筋，想了不少办法。

在列宁模范学校，最缺的是纸，张思德就到街巷里找来一些旧书、旧账册、旧本子，然后一页一页地翻过来，分发给战友当写字本。在延安山区伐木烧炭时，他发现桦树皮可以写字，他就用桦树皮订成小本子，分给战友们用。写生字、记笔记离不了笔，张思德就自制写字笔。他用罐头盒，剪成钢笔尖，绑在小木棍上，当蘸水笔用。后来他又用子弹壳自制了一种土钢笔。他心爱这支笔，长久地保存着。他还用油烟子或锅底灰自制成"墨水"。

张思德在练习生字时，还有不用纸笔的简易办法——他把一根吃饭用的筷子，插在自己的裹腿上，在操练之余或劳动之余，拔出筷子就在地上习字。这使人想起古人"画荻教子"的故事。《宋史·欧阳修传》载：欧阳修四岁丧父，家境贫困，母亲无钱供他上学，也无钱买纸买笔供他自学。这位母亲就用荻草秆在池塘边的地上教子写字，培养了欧阳修发愤苦学的顽强精神，终于成为一代杰出的文学家。张思德用筷子在地上习字，既不误习武，又不误工作和劳动，不似古人胜似古人。

夜晚，公务少，是学习的大好时间，可是照明又成了一大困难。当时灯油很珍稀，上级只发给很少的一点公务用油，不够晚上学习用的，张思德便砍些柏树枝点着照明。到了秋天，他与战友到田间阡陌上拾些农家丢在地上的蓖麻子，用细铁丝或竹签串起来，当蜡烛点。

张思德在当通讯班班长时，不仅自己努力学习，还组织通讯班里文化比较高的几个战士辅导文化水平较低的同志。时间久了，通讯班养成了学习习惯，经常出现两人一伙、三人一堆地读报纸、写生字、学政治课本的新景象。

副班长陈耀，起初不会写自己的名字，特别是那个"耀"字，笔画又多又难写，他写起来很怵头。张思德手把手教会了陈耀写自己的名字。新中国成立后，陈耀在北京市旅游局任职，多年来，每每回忆起张思德教他写名字、学文化的情景，他都十分激动和感慨。他后来曾以《忆张思德同志》为书名，写了一本回忆录，由中国青年出版社于1965年出版发行。在这本书里，陈耀同志回忆说："（张思德）握着我的手教我写'陈耀'两个字……我自己就是用张思德同志送给的桦树皮本子、半支铅笔、一支木笔摘掉文盲帽子的。"

吃苦在前，享受在后

张思德自参加革命以来，先后换了不少岗位，但是，不管在什么岗位上，身边的同志都有一个共同的感受，那就是张思德吃苦在前，享受在后。同志们常被他的这一革命情操所感动、所激励。

1937年5月，张思德被调到泾阳县八路军留守处警卫连。那时，红军刚刚改编为八路军，隶属于国军的番号与建制，所以，国民政府开始给八路军战士每月每人发军饷一块银圆。其实，国民政府始终对八路军存有戒心和敌意，所以这军饷只发了两个月，就停止了。

已经发到手的两块银圆，对于长期艰苦奋斗一无所有的红军战士来说，是一笔不小的收入。当时住在泾阳县城的八路军战士，有的拿这钱买烟卷抽。可是张思德不乱花。有人问他："是不是想存些钱？"张思德回答："当兵的，存钱干啥用？"既不存钱，又不花钱，那要做什么呢？时间长了，大家终于明白了张思德的"理财"之道。

那时，八路军战士的军装靠国民政府发，但并没有什么保障，时间长了，有的战士衣服破了，鞋子破了，却没有换的，只好自己动手修补。在这种情况下，大家就会去找张思德，因为张思德有个小包袱，里面有不少碎布头，有麻绳，有针线，修补衣服全都用得着。用的人多了，大家就给这个小包袱起了一个亲切的名字——百宝箱。要知道，这"百宝箱"里的东西，就是张思德用军饷的钱添置的。而且到了假日，张思德还上街买些布头和针线，不断充实"百宝箱"，供大家使用。

1939年秋，留守处和荣誉军人学校主动撤出了泾阳，向北面的旬邑县搬迁，在转移途中，大家看到了这样一件事——部队在行军中，碰到了一位白发老大娘在路旁伸手乞讨，张思德停下脚步，伸手在怀里摸了一阵，掏出一个明晃晃的银圆放到了老大娘掌心。周围的同志都很惊讶，一整块银圆哪！同志们被张思德的举动深深感动了，有的同志也掏出零钱交给这位老大娘。事后，张思德深沉地说："我小的时候也讨过饭，知道饿肚子的滋味，将来我们革命成功了，大家不饿肚子了，那就好了。"

1940年冬天，陕甘宁边区的经济十分困难，发棉衣时，领导号召，凡是棉衣不太破的，就不要领新的了。张思德的棉衣已经很破了，战友们劝他领件新的，可是他说："不用领，我拆补一下，还可以再穿两年。"后来，他自己动手，补了又补，真的又把那件棉衣穿了两冬。直到 1942 年棉衣破烂得实在不像样子了,他才领了一件新的。

延安的道路都是土石路,通讯班的战士送信走路多,鞋子比一般战士更费。可是,每次发鞋时,张思德都不要。他说:"这鞋是老百姓作为纳税交上来的,我会打草鞋。少领一双鞋,老乡就可以减轻一双鞋的负担。"为了减少对鞋的磨损,节省用鞋,张思德经常赤着脚干活。他的鞋,也是补了又补,鞋底磨穿的地方,就垫块树皮,他凑合着穿,舍不得扔掉。

1941 年至 1942 年,是敌后抗日根据地最困难的时期。有一段时间,延安的同志们连小米也吃不上,只能吃生了芽的麦子。部队开饭时,是以班为单位,从食堂打回一桶饭,一个班的战士围着桶,从里面舀饭吃。通讯班的战士,都是年轻的小伙子,这一桶饭,压根填不饱大家的肚子。张思德常常在吃饭时拿起水桶出去打水,他这样做,实际上是借机躲开,好让战友们多吃点。

有一次,张思德去执行送信任务,在山里发现了一个小水坑,里面游着鱼。张思德喜出望外,记下了这个地方,等到休息日,他一个人跑到那个水坑,捞了不少鱼。回到班里,给大家烤鱼吃,同志们吃得很香,可张思德又悄悄拿起了水桶出去了……

对于张思德同志艰苦朴素、先人后己的品质,通讯班副班长陈耀有着比别人更深刻的体会,有时,他问张思德:"你为什么总是这样省吃俭用,穿得缝缝补补的?"张思德一笑说:"现在人民大众还很贫困,比我们穿得破的人多得很。革命还很困难,我们大家每个人都节约一点儿，就能为革命解决大问题。再说，咱们是共产党员，应该遵照毛主席的教导办事——吃苦在前，享受在后。咱们应当多想人民，多做工作，少考虑个人的事。"

为革命献身

1944年,张思德在中央警备团的直属警卫队工作,当时中共中央书记处搬到了枣园,毛主席、周副主席、朱总司令等中央领导人,住在枣园办公。张思德在毛主席身边做内卫工作。除做内卫工作外,张思德还担任内卫班的党小组组长。

按照党中央的工作安排,到明年(1945年)4月,要召开中国共产党第七次全国代表大会。届时要有正式代表和候补代表共七百多人参加会议,所以在1944年7月,中央办公厅就提前为"七大"做物资准备,其中一项任务就是为"七大"准备木炭。办公厅在7月就组织烧炭队,由邓捷同志带领全队人马到离延安几十里地的安塞县石峡峪伐木烧炭。邓捷同志过去耳闻张思德烧炭技术较好,就请警备团给予支持,派张思德来烧炭队,一边烧炭,一边做烧炭技术指导工作。

张思德觉得做技术指导是一项很重要的工作,决不能信口开河瞎指挥,所以他对邓捷同志说,烧炭用的木材,顶数"青冈木"(也叫青冈栎,当地群众亦称冈树)最好,但这种树的分布情况不清楚,需要先到山林中去实地察看察看。当天,他找到石峡峪庙河沟村的村长带路,走进山林,察看了青冈木的分布情况,便向邓捷同志建议,先在村后一处青冈木集中的地方建窑烧炭。他的这个建议,被采纳了。

烧炭是打窑、伐木、封火、出炭一条龙的四大工序基础。张思德把每个工序的主要技术和注意问题,向全队九个作业组一一讲清楚。张思德历来做工作都很动脑筋,他在过去的烧炭中,总结出了一套行之有效的经验。以烧窑点火和压火来说,他总结的经验是:点火后,窑上开始冒黄烟,接下来,黄烟变成灰烟,再接着灰烟又变成蓝烟。在冒蓝烟的时候,就是木炭烧好的时候,见到蓝烟,就可以压火。张思德把自己积累的这些经验都讲给了烧炭队员,然后各组进行独立作业。

烧炭进行到后期,庙河沟村山沟现有集中的青冈木伐得剩下不多了,各组便分开到青冈木较多的地方建新点烧炭,张思德不辞辛苦地跑到各烧炭点去看情况、做指导。一次,看到有个小组伐来了杨树烧炭,杨树木质松软,不宜烧炭,张思德就住在这组,带领小组的人,进入深山去找青冈木。能找到的青冈木都伐了,他对小组的同志们说,还可找比杨树硬一些的树,作替代品。特别提出,各组分散作业,靠自己管自己,坚决不烧次炭。他说,咱们烧的炭是给"七大"用的,七大代表是从各个根据地跋山涉水赶到延安来的,我们在延安的同志,一定要招待好各地代表,要让他们用最好的炭取暖。

在石峡峪烧炭时,他除了指导各小组作业外,还与警卫队战士白满仓、朱旭明和李喜文组成一组,共同挖窑烧炭。朱旭明和李喜文分工在炭窑附近树林里伐青冈木,白满仓和张思德分工挖炭窑。

刚开始,是小白先挖,因为窑洞小,容不下两个人一起动手。小白挖了一会儿,张思德对他说:"小白,你出来,我来挖一会儿。"

小白说:"我不累。"

张思德说:"累不累,这活我明白,怎么会不累?!"说着猫下腰钻进了窑里,把小白推出窑口。张思德蹲在半人多高的窑里,用镐拓宽窑壁。刨下来的土,铲到窑口,再由小白一锨一锨地清理到窑口之外。

这时,天淅淅沥沥下起了小雨。虽然下小雨,但大伙热情很高,伐木的、挖窑的都照干不歇。到了傍午,窑洞基本挖成,张思德在窑里,用小镢头细细地修理洞壁,把凹凸不平的地方刮平修光。小白也在窑内靠窑口的地方修理窑壁。

就在这时,只见窑顶"啪啪啪"向下掉碎土。张思德凭经验觉察有险情,他对小白说:"不好!有危险!"说时迟,那时快,只听"轰隆"一声,两米厚的窑顶塌了下来。

小白被埋在窑口,但肩膀和头没被埋在土里,于是他便喊道:"救命呀!窑塌啦!张思德被压在窑里头啦,快来救命啊!"

正在树林里伐青冈木的朱旭明和李喜文二人听到喊声,赶紧向炭窑跑来。

他们看见小白张着嘴，喘着粗气，脸已变成紫色，便一边使劲用手扒开埋在小白身上的窑土，一边拼命往外拽他。

"快，快，里头的——张思德！"小白刚从土里脱身，就大声地说，"张思德被埋在窑里啦！"于是他们边用双手扒土，边一齐扯着嗓子呼喊起来。庙河沟的老乡们闻讯赶来了。

大家争分夺秒地扒呀，刨呀，终于扒到了张思德。

当人们把压在他胸口的黄土扒开时，大概是骤然解除了压力的缘故，张思德胸腔内被挤压的淤血一下子从嘴里和鼻子里喷射出来，喷了小朱一脸。"老班长！""张思德！"人们呼喊着，痛哭着，可是，当把张思德扒出来后，他已经没有了呼吸……

张思德牺牲了，在场的战友把他的遗体放到用树枝和绳子做成的担架上，面对这样一个不可逆转的悲痛现实，大伙流着眼泪，肃立默哀。

这个使人永远难忘的日子是，1944年9月5日。

追悼会

张思德牺牲的噩耗，由战士骑马迅速传到延安，事件逐级上报，直属警卫队队长古远兴来到毛主席住的窑洞，向主席做了汇报。

毛主席正在批阅文件，听到这一消息，停下笔，沉痛地说："前线打仗，是免不了死人的，后方搞生产出事故死人，是不应该的。"随即对这件事，做了三条指示：

第一，要把张思德同志的身体洗干净，换上新军装，入殓前要派战士为他站岗。

第二，买口好棺材，运回延安。

第三，开个追悼会，毛主席说："我要参加，还要讲话。"

当时的中央社会部，以最快的速度落实这三条指示，于1944年9月8日下午两点，在枣园后山沟召开了张思德同志追悼会。会场选在干河滩上，临时筑起一个 20 多平方米大、多半米高的土台子。台子两边竖起松枝扎的立柱，台子上面罩上棚布，台前正上方悬挂上黑布横幅，上写"沉痛追悼张思德同志"九个白色大字。台正面有毛主席亲笔写的"向为人民利益而牺牲的张思德同志致敬"的挽联。台子周边摆着花圈。河滩上，肃穆站立着中央机关干部和警备团战士一千多人。

毛主席带着沉痛严肃的神态，穿着带补丁的青布衣服，在中央机要科长叶子龙和警卫队长古远兴的陪同下，走到会场，站在队列最前排，此刻哀乐响起。

首先由中央警备团团长吴烈同志宣布向张思德默哀三分钟。毛主席和大家一起，垂首默哀。接下来，由警备团政治部主任张廷桢致悼词。在悼词中介绍了张思德的生平事迹。之后，毛主席登上土台讲话，他不是念文稿，而是以沉痛严肃的声调，一边打着手势一边讲话。

毛主席说："我们的共产党和共产党所领导的八路军、新四军，是革命的队伍。我们这个队伍完全是为着解放人民的，是彻底地为人民的利益工作的。张思德同志就是我们这个队伍中的一个同志。"

毛主席又说："人总是要死的，但死的意义有不同。中国古时候有个文学家叫作司马迁的说过：'人固有一死，或重于泰山，或轻于鸿毛。'为人民利益而死，就比泰山还重；替法西斯卖力，替剥削人民和压迫人民的人去死，就比鸿毛还轻。张思德同志是为人民利益而死的，他的死是比泰山还要重的。"毛主席接着还讲到了革命者要虚心听取各方面人士的意见和一切革命队伍的人都要互相关心，互相爱护，互相帮助，等等。

后来，毛主席的这次讲话，被整理成一篇题为《为人民服务》的文章。这篇文章编入了新中国成立后出版的《毛泽东选集》第三卷之中。

永远活在人民心中

年轻的张思德,虽然为人民利益牺牲了,但他的名字,将会伴随毛主席《为人民服务》的文章而常存于世。他的典范形象、革命精神和感人事迹,将被永远传颂。

现在,张思德故居已被定为四川省文物保护单位,并立了一块石碑。石碑背面刻着张思德诞生地的简介:张思德同志诞生地(旧址)修建于清道光年间,单檐悬山式,土木结构,面积64平方米。原系木板墙,后经多次改造换成土墙,是川北较为普通的民居。张思德在这里出生并度过了童年时代,是对人民群众进行革命传统和爱国主义教育的重要基地。

张思德的名字,全国家喻户晓,家乡人以之为荣,不少单位和建筑,竞相以张思德的名字命名——

原六合场乡,改名为"思德乡"。

乡里的水库，命名为"思德水库"。

仪陇县建在思德乡的学校，命名为"仪陇县思德小学"。

陕西省延安市安塞县楼坪乡的群众，于1967年2月在张思德牺牲的山沟里立了一块石碑——张思德同志纪念碑。此乡贺坪村小学命名为"张思德希望小学"，李铁映同志为小学题写了校名。

在延安枣园，当年给张思德开追悼会的土台子，于2006年重新做了修整。在台子上立有六米高的红色花岗岩张思德雕像，雕像左面石墙上刻着毛主席《为人民服务》全文；雕像右面石墙上，是张思德放牛、参军、作战、打草鞋、烧炭、为毛主席站岗等连环浮雕图；像前是近两百平方米的台面，在台面中轴线上，铺嵌着二十九颗红色花岗岩五角星，象征张思德二十九岁的年轻生命是全心全意为人民服务的一生。

年轻的张思德，将万古流芳，永远活在人民心中。